経営学史叢書第Ⅱ期刊行の辞

経営学とは、何か。この問いに如何に向き合うかはさまざまであるが、次のように答えたい。

われわれは、組織の時代を生きている。それは、企業を含む各種の組織なくして、個々人は日々の生活ができず、社会もまた成り立たない時代である。われわれは、さまざまな組織が人間の生活や社会との繋がりにおいて多様な問題に取り組んでいることを知り、かつ目の当たりにする。そうした企業を含む組織が現実に直面する諸問題を明らかにしたうえで、組織を如何に維持し発展に導くかを研究課題とし、そしてその解明がわれわれにとって何を意味するかを探求する、これが経営学である。

経営学は、問題によっては、求める知識を他の学問領域から援用せざるを得ず、その意味で学際的であるが、それをもって経営学を借り物というのは的外れである。その知識を取り入れて課題解明を行うためには固有の思考方法が必要であり、それを示すのが経営の学である。経営学は、現実の世界を生きている各種の組織が直面するその時々の諸問題に応え、実践的な学問として一世紀以上にわたる歴史を刻んできた。経営学が解決を迫られる多様な問題を歴史的にみた場合、そこには時代を超えて共通する問題の性質を見出すことができるのであり、その諸問題の性質を「課題性」と呼ぶ。

ある特定の課題性のもとでは、その時代の社会経済的、文化的状況から問題を明らかにし、その問題を考える枠組みを構築し、課題解明の思考方法（理論）を形成する。時代の流れからその問題が新たな様相を帯びれば理論に修正を加える、あるいは新たな思考の枠組みを構築して理論展開を行う。そして時代が変わり、従来は存在しなかった課題性に対しても新たな理論を構築し解明を行う。こうして経営学は、時代の移り変わりとともに現れてくる多様な課題性に対して応え得る応用科学的な性格を有しており、その意味で、今なお形成されつつある学問であるといえる。

この度、経営学史学会は創立三〇周年を迎える記念事業として、先の二〇周年に引き続き、『経営学史叢書第Ⅱ期』（以下、『叢書』）を刊行することになった。創立二〇周年記念の『経営学史叢書』では、経営学史上優れた学説を示すことを叢書の柱とした。しかし、第Ⅱ期の『叢書』を編むにあたっては、今述べてきた現実世界から経営学が探求してきた「課題性」を編集の柱とした。

叢書編集委員会は、何よりも取り上げるべき課題性の選択に苦心をした。歴史を遡って十余りを候補として選び出し、これらに繰り返し検討を加え、最終的に一冊としてまとまりのある課題性に絞り、それに相応しい研究者に責任編集者を依頼した。その過程で、承認を得られず断念せざるを得なかった課題性、さらに取り上げるべき課題性があったことは事実であり、これは今後の検討としたい。

こうした経緯を経て『叢書』は、「学」として求められる経営学を追究する「原理性」を第一巻に置き、続いて時代の流れに沿って「生産性」、「人間性」、「合理性」、「社会性」、「戦略性」、「創造性」の全七巻から構成するものとする。各巻では、特定の課題性を解明してきた理論を、それぞれの時代の社会経済的、文化的基盤との関連において捉え、その有効性と限界を明らかにするとともに、その課題性を反映する現代の諸問題に対して、未来を創る実践的契機となり得る展望を示している。

『叢書』は、経営学に関心を持ち、経営的な思考能力を身に着けたいとする初学者を想定している。それぞれの課題性を歴史的に学ぶことによって、思考能力に広がりと深みが増し、歴史を学ぶ面白さを知るきっかけになれば、幸いである。

各巻の責任編集者には、学会の叡智を結集する執筆者の選定を行い、『叢書』刊行の主旨を実現するという難しい要求をすることになった。本書が経営学史学会に相応しい『叢書』であるならば、それは偏に責任編集者の多大な貢献によるものであり、深く御礼を申し上げる。

叢書第Ⅱ期の編集委員会は、テーマ設定について多くの議論を重ね、決定した「課題性」を追究して頂く責任編集者の選定を行い、叢書刊行に至る責任を担ってきた。編集委員の先生方のご尽力に心から感謝申し上げたい。また、株式会社文眞堂の前野隆社長を始め編集部の前野眞司氏、山崎勝徳氏には企画から刊行までに亘ってお世話になった。ここに謝辞を申し上げる。

『叢書』の企画のさなか、二〇一九年から始まり世界的流行となった新型コロナ感染が一刻も早く終息することを願いつつ、冒頭に示した「経営学とは、何か」に応えるべく、この『経営学史叢書第Ⅱ期』を世に問う次第である。

令和三年一一月三〇日

叢書編集委員長　吉原　正彦

『経営学史叢書第Ⅱ期』編集委員会

編集委員長

吉原　正彦（青森中央学院大学名誉教授　経営学史学会元理事長）

編集委員（五〇音順）

磯村　和人（中央大学　経営学史学会理事）
宇田川元一（埼玉大学　経営学史学会会員）
風間　信隆（明治大学　経営学史学会元副理事長）
河辺　　純（大阪商業大学　経営学史学会副理事長）
上林　憲雄（神戸大学　経営学史学会理事）
藤沼　　司（青森公立大学　経営学史学会理事　編集副委員長）
山縣　正幸（近畿大学　経営学史学会理事）
渡辺　敏雄（関西学院大学　経営学史学会前副理事長　編集副委員長）

肩書は令和三年一二月三一日現在

経営学史学会創立30周年記念

経営学史叢書第Ⅱ期 ❹ 合理性

合理性から読み解く経営学

経営学史学会監修

風間信隆［編著］

文眞堂

まえがき

二〇二〇年以降、コロナ・パンデミック（世界的大流行）が日本を襲う中にあって、「新しい生活・行動様式」が求められている。すでに長い間、社会生活は感染の拡がりとともにさまざまな厳しい行動や活動の制約を受け、社会に大きな影響を及ぼしている。コロナ禍の拡がりによって経済活動も大きな影響を受けており、一部の業種や企業のなかにはかつてない業績不振に苦しみ、特に非正規で働く人々が働く場を失い、また飲食・宿泊サービス・観光業を中心として存続できず倒産・廃業にまで追い込まれるケースも数多く報じられている。コロナ・ワクチン接種の拡大や治療薬の開発による一刻も早い安全・安心な社会の実現が急がれている。こうした状況下にあって、改めて正常な経済活動は「健康で、安全・安心な社会」の中でしか営まれないのであり、社会あっての企業であり経済だと実感させられている。この点で、私たちは経済合理性の追求を目指す企業の社会性の重要性を強く意識せざるを得ない。

本書は、経営学史学会第二期叢書で取り上げられる「課題性」のうち「合理性」がテーマとなる。こうして、本書は、経営学研究の発展のダイナミズムを合理性の追求、即ち経営（商品とサービスの生産・販売という経済事業組織体）の合理性の追求（「経営合理化」）に求め、この切り口から一九世紀末に誕生して以降、多様な展開を辿ってきた経営学研究を読み解こうとするものである。その際、本書は、「合理性」ないし「合理化」の重要性に、近代資本主義社会への移行過程と絡めていち早く注目し、これに考察を加えた、ドイツの社会学者であるマックス・ウェーバー（Max Weber）の行為類型論から出発して、「技術と予測」に基づく目的合理性ないし経済合理性が近代化の出発点であることを確認しつつ、その後、ユルゲン・ハバーマス（Jürgen Habermas）が提起した「コミュニケーション的合理性」の観点から価値的・社会的合理性の意義をも経済的合理性と並んで等しく重視する必要があること、したがってまた目的・経済的合理性と価値・社会的合理性を合理性モード（行為の調整様式）として同列に位置づける必要性を主張している。同時にこの合理性が企業の内部の論理ないし課題から要請されるのか、企業を取り巻く社会から要請されるのかという視点に立って、合理性タイプを内発性と外発性とに区分する。こうして、本書は、複数の人間の協働的な経済的・社会的営為である経営の合理性を、経済的合理性と社会的合理性、内発的合理性と外発的合理性に類型化することで、経営学の誕生から現代に至る主要な研究のうちで本書のテーマである合理性という課題性の理解にとって不可欠な主要学説を四つの合理性タイプに位置づけたうえで、それぞれの学説を現代という視点からその学説の意義と限界を剔抉しようと試みるものである。

本書第一部（第一章から第三章）の内発的・経済的合理性の追求では、ウェーバーの官僚制論、フレデリック・W・テイラー（Frederik W. Taylor）の科学的管理論、アンリ・ファヨール（Henri

Fayol）の管理過程論・管理原則論、そしてドイツで展開されたエーリッヒ・グーテンベルク（Erich Gutenberg）の経営経済学が取り上げられる。第二部（第四章から第六章）の「内発的・社会的合理性」の追求では、人間関係論を出発点として展開された行動科学（動機づけ理論）、人的資源理論そして経営理念・経営哲学が取り上げられる。第三部（第七章から第九章）の「外発的・経済的合理性」の追求としては、新制度派経済学、マイケル・ポーター（Michael Porter）の戦略論そして資源ベースの戦略論が考察対象となる。最後の第四部（第一〇章から第一二章）の「外発的・社会的合理性」の追求では、イノベーション研究、企業の社会的責任論そして利害関係者マネジメントと企業倫理が考察される。そして最後の結章では統合的経営合理性、即ち、こうしたさまざまな合理性の統合（ないし調整）の視点が現代経営学にとって必要不可欠となっており、こうした総合性・統合性（「経済的合理性を超えた社会的合理性」）を組み込んだピーター・F・ドラッカー（Peter F. Drucker）の経営理論の現代的意義が明らかにされる。

本書は、初めて経営学を学ぶ学生、大学院生、社会人等の皆さんにも内容を理解して頂ける分かりやすさを各執筆者にお願いしてきた。同時に、経営学史学会第二期叢書のシリーズのうちの一巻として刊行されることから、刊行編集委員会（吉原正彦委員長）の助言を仰ぎつつ本書の構想・編集が行われてきた。こうして、学会叢書の性格も持つことから、取り上げられた課題ないし問題の理論的、実践的意義を解説し、研究の到達点と残された課題を提示することによって、初学者のみでなく、研究者の方々にも手に取ってもらえることが目指されている。これが成功しているかどうかは、読者の判断に委ねられるが、編者としては現代的視点から経営学がその歴史において一貫して追求してきた合理性という課題性を体系的かつ包括的に取り上げた研究書として仕上がったものと自負している。
　本書の刊行に際しては、㈱文眞堂代表取締役社長の前野隆氏、専務取締役の前野眞司氏並びに編集担当の山崎勝徳氏に大変お世話になった。ここに記して感謝申し上げるとともに、同社のますますのご繁栄を祈念するものである。

（風間　信隆）

目次

序　章　経営合理性の歴史的展開と経営学史

本書は、合理性の視点から経営学的諸研究を捉えて、それぞれの理論が生み出されるに至った歴史的背景、その研究の意義と限界を明らかにしようとするものである。

「合理性」とは『大辞泉』によれば「①道理にかなった性質。論理の法則にかなった性質。②無駄なく能率的に行われるような物事の性質」とされ、営利経済原理の下で社会が必要とする財やサービスの生産・販売（事業）活動を行う企業にとって、その事業活動の合理性、即ち経営合理性をいかに高めるかは、経営学が誕生して以降今日に至るまでもっとも重要なテーマであり続けてきた。この「合理性」ないし「合理化」の重要性に、西欧の近代化、即ち中世封建社会から近代資本主義社会への移行過程と絡めていち早く注目し、これに考察を加えたのがドイツの社会学者であるマックス・ウェーバー（Max Weber）であり、その行為類型論はつとに知られている。(1)

一　ウェーバー行為類型論と合理性

ウェーバーによれば、人間の社会的行為（＝行為者の意図や意味づけを含む行為）は次の四つの種類に区別できるとされる。即ち、「㈠目的合理的行為。これは外界の対象物の行動および他の人間の行動について或る予想を持ち、この予想を、結果として合理的に追求され考慮される自分の目的のために『条件』や『手段』として利用するような行為である。㈡価値合理的行為。これはある特定の行動の独自の絶対的価値－倫理的、美的、宗教的など固有の価値そのものへの、結果を度外視した、意識的な信仰による行為である。㈢感情的行為。とくにエモーショナルな行為であり，これは直接の感情や気分による行為である。㈣伝統的行為。身についた習慣による行為である」（Weber 1922, S.12, 翻訳書、三九頁）。宮原（一九八七）によれば、この四つの行為類型を、「選択の意識性」の度合によって一次元的に位置づけるような研究が知られている。それによれば、感情的行為は単なる習慣による拘束を超えて内的な感情状態に従う点で、伝統的な行為よりも意識性は高い。価値合理的行為は人間が意識化する絶対的価値の実現を志向する点で意識的であるが、目的合理的行為は目的、手段、付随的結果を比較考量して行為を方向づける点でその意識性は最高レベルにある。こうして、四つの類型は非合理的タイプから合理的タイプへという尺度に従って、伝統性―感情性―価値合理性―目的合理性として一次元的に位置づけられている。こうしたウェーバーの行為類型論は、社会的・歴史的視点に立って、目的合理性概念を軸として近代社会の性格を描こうとしたものである。ここでは目的―手段関係の効率性、所与の目的を最小の手段投入によって、あるいは一定の手段投入によって最高の目的を達成するという意味での目的合理性が近代化の過程で追求されてきた。

こうした目的合理性の追求はウェーバーが「脱呪術化（Entzauberung）」と呼ぶ「近代化」とも結びついている。即ち、「世界を呪術的な力によってではなく、科学と合理的な思考様式によって説明するようになっていく過程」と理解され、こうした「脱呪術化」が、ウェーバーによれば、主知主義的合理化（intellektualistische Rationalisierung）を生み出すこととなった。この主知主義的合理化とは、神秘的な力を信じた未開人のように呪術に訴えて精霊を鎮めたり祈ったりするのではなく、「技術と予測」に基づく合理化に他ならない（吉田 二〇〇五、六四頁）。

こうした「脱呪術化」、「近代化」、「合理化」の過程で何よりも経済合理性の追求が目指されるところとなった。なぜなら、ウェーバーによれば、「一つの経済的行為は、すべての合理的な経済に固有な『事前の配慮』が、量的に、つまり『計算可能』な熟慮というかたちで表示され得、またじっさいそのように表示される度合いが高ければ高いほど、形式的に『合理的』と呼ばれるべきである」（杉野 一九九五、一三二頁）とされるからに他ならない。こうした「近代化」の過程で営利経済原理を指導原理として事業を行う経済組織体の経済合理性を高め、この経済合理性の論理を説き明かそうとする経営学という学問も誕生することになったのである。

二　合理性モードの導入と二次元的行為類型論

前節で検討した一次元的行為類型論では、近代資本主義社会の持つ特異な性格を強調しようとしたウェーバーの批判的意図をくみ取ることができないという点で限界を有している（宮原　一九八七、六八頁）。ここで、ウェーバーが提起したもう一つの合理性の図式、即ち形式合理性と実質合理性という「二律背反的」に対立する合理性概念が提起される。宮原の研究によれば、形式合理性が個人行為者の行為（志向）について論じている一方、実質合理性は諸制度、組織、階層、階級ないし集団に見られる行為のパターンを論じている。資本主義的市場経済の中で追求される形式合理性は「生産企業における利潤獲得をめざした合理的資本計算であり、『社会の全成員の欲求の適切な充足』といった実質的目的に対して無関心である。というのは、形式的に合理的な経済システムはあくまで有効需要に応じて生産するのであって、欲求に応じて生産するものではないからである」（宮原　一九八七、六八頁）。それゆえ、ウェーバーによれば、「実質合理性と、（正確な計算という意味での）形式合理性とは、全体として対立するものであることを避けえない。この基本的な、そして結局は逃れることのできない経済の非合理こそ、すべての『社会』問題の……根源なのであ」り、また「資本計算の最高度の形式合理性が、労働者を企業家の支配のもとに従属させることによってのみ可能となるという事実は、経済秩序のより特殊的な実質非合理性を示すものである」[2]（吉田二〇〇五、六七頁）。

こうして、ウェーバーの形式合理性と実質合理性との相克は、近代資本主義社会の孕んでいる根本的な社会的緊張を把握する上で重要な概念用具であり、これが行為類型論にも取り込まれる必要がある。ここで「目的合理的」と「価値合理的」という二つの行為志向の差異を単に合理性の「度合」として、いわば「量的」に捉えるのではなく、これを優れて「質的」な差異として捉えることが必要となる。こうした観点から、宮原は、ユルゲン・ハバーマス（Jürgen Habermas）に依拠して、合理性に関連する「労働」と「相互行為」という概念に注目している。前者の「労働」は「道具的ないし技術的理性」であり、「人間が生存を確保するために自然を克服＝支配しようとする営為に内在する」ものであるのに対して、後者の「相互行為」は「実践的ないし意思疎通的理性」であり、「適切な社会的連帯の維持を可能にするための相互主体的な意思疎通の要請の中に内在」する（宮原 一九八七、七〇頁）。この考えに基づけば、社会的行為は、その合理性の量的な度合いだけではなく、個人行為の調整メカニズムの質的差異（利害状況によるか、規範的合意によるか）によって区別できる。この調整メカニズムにおける差異が「成功志向」（合理性の道具モード）と「理解志向」（合理性の意思疎通モード）との区別となる。こうしたハバーマスの主張は、目的合理性との比較において常に劣位に置かれる価値合理性に相互主体的ないし対話的な基礎づけを与えることで、行為者相互間の主観的な了解を指向する行為、「コミュニケーション的合理性」の意義を強調するものであった(3)。そこで宮原は、図表序―1に示されているように、合理性の程度（選択の意識性の度合）だけ

図表序-1　ウェーバーの行為類型：二次元的再構成

合理性の度合＼合理性のモード	道具的 （「成功志向」）	意思疎通的 （「理解志向」）
低い	情動的行為 （衝動・感情）	伝統的行為 （因習）
高い	目的合理的行為 （利害：「知性的に制御された快楽性向」）	価値合理的行為 （価値：「社会的な合意を目指す志向」）

出所：宮原（1987）、前掲、70頁、一部追加。

ではなく、「道具的」（「意識の没社会的方向性」）であるか、「意思疎通的」（意識の「社会的方向性」）であるか、という二つの合理性のモード（意識性が働く方向性）の軸を導入することで、ウェーバーの行為理論の二次元的再構成を提示している。

ここで、「情動性とは非合理で、かつ没社会的な志向」であり、「情動的行為は、個体としての個人の内面的な感情、情動、もしくは衝動によって決定され、一般的には本能的、快楽主義的あるいは自己表出的な傾向を帯びている。……伝統性は情動性と同様に非合理的ではあるが、その方向性においてはむしろ社会的、規範的である。伝統的行為は、ただ単に習慣による行為なのではなく、共同体の因習的規範に服従し或いはこれを遵守する行為であって、所与の共同体の成員を内的に拘束する伝統的な規範の存在を前提としている。他方、目的合理的行為は……合理的でありかつ没社会的、道具的な方向性を持つ行為として理解される。……現在の欲求の充足よりも将来の利益の獲得を目ざす志向である。……こうした（目的合理的—引用者）行為を継続的に実践しうる能力が近代資本主義における諸制度の形式合理性を支えている。……価値合理的行為は合理的であると同時に社会的、規範的な方向性を持つ行為である。それは、伝統性に見られるような共同体の規範への同調とは対照的に、社会規範の自覚的形成」（宮原 一九八七、七一頁）である。つまり、価値合理的行為は、社会集団（例えば、株主、従業員、顧客等の）間のコミュニケーション的対話によってそこに参加者が受け入れることのできる価値規範を自覚的に形成することを意味する。

こうして行為類型論の二次元的な視点は、「四つの行為志向を個体の自然的な欲望（衝動）を満たそうとする志向（情動性）、共同体的な因習を遵守しようとする志向（伝統性）、私的な利益を自覚的に追求する志向（目的合理性）、社会的な規範を自覚的に形成しようとする志向（価値合理性）として把握する」（宮原 一九八七、七一―七二頁）ものとなる。とりわけ、価値合理性が社会生活の実質合理的規制を志向するものであり、近代社会の持つ形式合理性に挑戦して新たな社会規範（価値）の形成を志向するものであるという点が注目される。

こうして、目的合理性＝形式合理性が優位な行為志向となる近代化が進展する中で、当初は、企業内部の経済的合理性が追求される一方で、その後、技術革新の進展や市場ニーズの変化や多様化に伴う環境の不確実性の高まりの中で不断の環境変化（製品市場、資本市場・労働市場・原材料供給市場）への適応努力が目指されてきた。またこうした近代化と経済合理化の追求過程で、その負の側面である実質非合理性が、最初は企業内部のモラルの低下、労働疎外現象の深刻化等として顕在化することで企業内部での社会的合理性の改善が意識される契機をなした。この過程でこれまで近代化の前提とされてきた目的ないし価値それ自体に疑問が投げ掛けられることになった。こうした社会からの批判を受けて、さまざまな社会集団が目的自体を再定式化するため、コミュニケーション的対話の中で新たな社会規範の形成を目指すようになったものと考えられる。こうした新たな社会規範の確立を促す合理化は理性的で相互主体的な対話により「社会的合理性」を高める努力と見なすことができ、「目的合理性（ないし経済的合理性）」と並んでますます重要な意味を持つようになっている[4]。

三　経営合理性の四つの意味と経営学

前節で検討した「合理性」類型論の分析は、複数の人間の協働的な経済的・社会的営為である経営の合理性を捉える視点としても応用できる。経営学は、その誕生以降、人間行為の合理性・非合理性を認識するとともに、人間行為の合理性を説明し、その合理性を高める方法を解明し、これによって人間行為の合理性の内容・範囲が社会や環境の変化に対応して深化・拡大するものと理解されてきた。

当初は、何よりも企業内部の目的合理性ないし経済的合理性の追求が目指されてきたが、その後の歴史的展開過程で顧客・従業員・取引先・株主・地域社会といった企業内外の利害関係者（stakeholder）の諸利害・価値への理解とその経営への関与（エンゲージメント）や、企業それ自体の社会での存在意義・使命（ミッション）が重視されるようになったことから、価値合理性ないし社会的合理性が、経営の合理性のいま一つの重要な側面として認識されるようになった。こうした経緯から、目的合理性（経済的合理性）と価値合理性（「社会的合理性」）の二つが経営活動の合理化の基本となっている。

こうして、財やサービスの生産と販売の持続的な成長を目指す経済的組織体にはその存続と成長を実現する上で経営の合理性の絶えざる高度化が必要となる。しかし、経営の合理性は、経済的活動の合理性（計算された利益の獲得を目指す「道具性」モード）としてだけではなく、一定の価値意識ないし価値志向をベースとして何らかの社会的合意を目指すという意味で社会的合理性（「意思疎通」モード）としても捉えねばならないのであり、経営の持続可能な成長（経営合理性の実現）のためには、経営の経済的合理性と社会的合理性の「合成最適化」[5]（joint-optimization）ないし調整こそが求められている。しかし、同時に経営合理性の追求には経営内外の利害関係者の情動性（感情や衝動）や伝統性（因習）が極めて大きな影響を及ぼしており、経営活動を説明する上では不可欠となっている。こうした情動性や伝統性はしばしば経営の合理性（例えば、生産性や効率性等）に負の作用（非合理性）をもたらす場合もあるが、人間の行為は必ずそれらを伴うものであることから、こうした情動性や伝統性を理解し、これを経営に取り込む（調和させる）ことで経営合理性を高めることも必要不可欠となっている。例えば、国際経営において、国境を越えて事業を展開する企業が直面する、現地市場の異質性、現地の文化や宗教面での多様性は情動性や伝統性と不可分に絡み合い、これへのローカル適応がグローバル統合とともに求められている。

しかし、経営学研究の歴史を捉えると、基本的に経済的合理性の改善という視点か、社会的合理性の改善という視点か、のいずれかに力点が置かれることが際立つ一方、それぞれ、経営内部から生まれる要求・期待に応えて経済的・社会的合理性を高めるという視点（内発的合理性）と経営外部から求められる要求・期待に応えて経営合理性を高めるという視点（外発的合理性）とに分類できる。こうして、経営学の歴史において現れる諸研究は、四つのアプローチとしてまとめることができるように思われる。即ち、経済的・内発的合理性の追求、社会的・内発的合理性の追求、経済的・外発的合理性の追求、社会的・外発的合理性の追求がこれである。

企業とは、本来的には、その存続のためには利潤を必要とする経済的存在であるだけではなく、財・サービスの生産と販売を通じて社会の繁栄や福利に貢献する社会的存在でもある。同時に、その持続的な企業価値向上のためには環境・市場適応・創造を生み出す戦略的合理性の追求が求められる一方、企業の価値観・ミッションを規定する企業理念や企業文化の明確化、さらにはそこで働く人々の人間関係や動機づけ、さらには組織学習による能力啓発といった社会的合理性が求められ、さらには社会が企業に寄せる多様な期待・要求に合わせて企業自身のイノベーションを創発するとともに、経営活動の倫理性・社会性を高めることも経営合理性を高める上では不可欠となる。こうした理解からすれば、企業の持続可能な成長のためには、これら四つの合理性のすべてを調和させる「統合的合理性」を高めることが不可欠となる。

四　合理性から読み解く経営学

当初、こうした経営合理性は、完全合理的な経済人を前提としながら経済的合理性の一層の高度化を実現する経営内的・技術的合理化を図る理論が形成されてきた（第一部）。即ち、ウェーバーの官僚制論（第一章）やフレデリック・W・テイラー（Frederic W. Taylor）の「科学的管理」（scientific management）、アンリ・ファヨール（Henri Fayol）の管理過程（management Process）論（第二章）といった経営学の初期に形成された理論は、いずれもこうした経営ないし組織の技術的・経済的合理性の実現を目指して打ち立てられた学説と位置づけられる（経営学史学会編 二〇〇二、九四―九八頁）。さらにはほぼ同じ時期にドイツの商科大学を中心として生まれ、発展することになった経営経済学（Betriebswirtschaftslehre）も生産性と経済的合理性の向上を目指す学問として独自の展開を遂げてきた。なかでもエーリッヒ・グーテンベルク（Erich Gutenberg）の経営経済学は一九五〇・六〇年代の当時の西ドイツにおいて「グーテンベルク・パラダイム」とまで呼ばれるほどの一大学派を形成してきたことで知られている（第三章）。ここでは企業を投入―産出体系として捉え、企業が営利経済原理の下で生産要素の量的な合理的結合により対内的均衡を図るプロセスを、数学的手法を用いて考察した研究として知られている（海道編著 二〇一三、および柴田 二〇一三、第二章に詳しい）。

その後、こうした経済合理性を所与としながらも、経営内的・技術的合理性の追求に伴うさまざまな経営内的・社会的矛盾を克服しようとして経営内非人間化や勤労意欲の低下を克服するための諸理論（第三部）がエルトン・メイヨー（Elton Mayo）やフリッツ・J・レスリスバーガー（Fritz J. Roethlisberger）らの人間関係論（Human Relations）や動機づけ研究や欲求の期待理論らに結実した行動科学（behavioral sciences）（第四章）、さらには人的資源理論（human resources theory）といった企業内部の社会的合理化を目指す理論として展開されることとなった（経営学史学会編二〇〇二、九八―一〇一頁）（第五章）。また経営理念・経営哲学も、社会の中で企業が果たす存在意義（パーパス：purpose）を社会に発信し、共通理解・相互理解を進めるという意味で内発的・社会的合理性に含めることができる。こうした意味での社会的合理性も企業の持続可能な成長にとっても極めて重要である（第六章）。

一方、ハーバート・A・サイモン（Herbert A. Simon）は、人間の有する認知的限界による「限定合理性（bounded rationality）」の下での意思決定の科学を打ち立てようとしたが、この新しい意思決定論の展開に触発されて、オリバー・E・ウィリアムソン（Oliver E. Williamson）は、情報非対称性、機会主義、限定合理性の下で取引コストを最小化し、利益を最大化するように人間は行動するものと捉えた（経営学史学会編二〇〇二、八五―八九頁、二七五頁）。この新制度派経済学は一九八〇年代以降の「新自由主義」、「市場原理主義」が台頭し大きな注目と支持を集める中で、新制度派経済学に立脚した一連の研究が一方で株主価値重視の企業統治（corporate governance）に関連する大量の研究を生み出す（第七章）とともに、他方でマイケル・ポーター（Michael Porter）のポジショニング学派（第八章）、バーニーらの資源ベースといった一連の戦略論（第九章）を一層発展させる契機となった（経営学史学会編 二〇〇二、一四〇―一四四頁）。確かにバーニーらの資源ベースの戦略論は経営内の競争力を生み出すコア・ケイパビリティに注目する議論であるが、しかしその後、この能力構築は、例えばデイビット・J・ティース（David J. Teece）のダイナミック・ケイパビリティ論に見られるように、経営環境の変化に合わせて適応・深化させる動態的能力構築論として発展する（菊澤編著 二〇一八）ことになったという点で外発性を持っており、こうした意味では外発的経済合理性の高度化理論と捉えることができる（第三部）。

その後、経営の経済合理性の追求がさまざまな一連の企業の不祥事を生み出す一方、社会が企業に寄せる期待や要求の変化が明らかになる中で、社会のさまざまな利害関係者との円滑な相互関係を実現することを目指す社会的合理性の追求が求められている（第四部）。こうした主張は、「利害関係者理論」や企業倫理（business ethics）、企業の社会的責任（corporate social responsibility）として経営学の歴史の中で展開されてきた（経営学史学会編 二〇〇二、八一―八二頁）（第一一章と第一二章）。また経営活動の基本ともいえるイノベーション研究が経営学研究でも隆盛を極めることとなったが、これは既存事業の形式合理性に挑戦して、新たな価値創造を目指すイノベーションが社会の要求・期待に基づいて展開される点で「外発的・社会的合理性」の追求と見なすことができる（第一〇章）。例えば、ウィリアム・J・アバナシー（William J. Abernathy）らの研究によれば、製品イノ

図表序-2　経営合理性のタイプと経営学学説の展開（本書の構成）

合理性の類型論（序章）		
合理性のモード／合理性の指向	経済的合理性	社会的合理性
内発的合理性の追求	経済的・内発的合理性の追求 官僚制論（第1章） 科学的管理論・管理過程論（第2章） グーテンベルクの経営経済学（第3章）	社会的・内発的合理性の追求 行動科学（期待理論を含む）（第4章） 人的資源理論（第5章） 経営理念・経営哲学（第6章）
外発的合理性の追求	経済的・外発的合理性の追求 新制度派経済学と企業統治論（第7章） ポーターの戦略論（第8章） 資源ベースの戦略論（第9章）	社会的・外発的合理性の追求 イノベーション研究（第10章） 企業の社会的責任論（第11章） 利害関係者マネジメントと企業倫理（第12章）
統合的合理性の追求 ドラッカー理論（結章）		

出所：筆者作成。

ベーションにおいてドミナント・デザイン（dominant design）が成立するまでのプロセスは、経済合理性の原則に従って選択が行われる目的合理的プロセスではなく、多様な社会集団との対話の中で進化論的に創発されるプロセスと理解されている（高井 二〇一八、三六頁）。

こうして、企業とは、現代社会にあっては、すでに確認してきたように、外発的・内発的な経済的・社会的合理性を同時に高め、これらの合理性を統合・調整させることによってしか、その持続可能な成長を実現することはできない。こうした経済的・社会的合理性の統合を目指す経営合理性の追求において、ピーター・F・ドラッカー（Peter F. Drucker）の経営理論を位置づけることができる（河野編著 二〇一二）（結章）。

以上のような理解に立って、本書は、「合理性」という課題性から経営学の歴史を辿り、それぞれの理論がその時々にいかなる固有の実践的な経営問題（「合理性」問題）に取り組んできたのか、同時にまたこうした理論が扱う合理性が有していた有効性と限界を明らかにする。こうして、合理性という視座から過去に生じた経営問題の性質を内省的に学び、現段階の経営を批判的に捉え直すことで、企業経営の将来的展望を示そうとするものである。

（風間 信隆）

注

（1） ウェーバー（一八六四―一九二〇）が当時、世界的パンデミックの様相を呈していた「スペイン風邪」に感染して亡くなって没後一〇〇年ということでウェーバー研究に二〇二〇年、再び脚光が当てられるところとなった。今野（二〇二〇）、および野口（二〇二〇）を参照。

（2） 吉田（二〇〇五、六七頁）によれば、ウェーバーは「経済史の全体は、今日勝利を博している経済合理主義、即ち計算に立脚する合理主義の歴史にほか」ならず、「今日において個別経済は、それが営利経済たる限り、経済的観点だけから態度を決定し、高度の計算合理性を有することを原則とする。かくのごとく合理性が存在するとは言うものの、しかし、それは形式合理性に止まり、この形式合理性の内部に強烈なる実質非合理性が喰いこんでいる」と主張する。この点で実質合理性と形式合理性が絶対的に対立するという、ウェーバーの企業の捉え方は余りに一面的であり、この対立を克服し、調和を目指そうとする企業的努力が正当に評価されていない。

（3） ハバーマスは合理性を客観的世界の「認知的―実践的合理性」（目的合理性）、社会的世界の「道徳的―実践的合理性」および主観的世界の「審美的―実践的合理性」の推進が「生活世界」の安定に不可欠であると捉えた。このうち後二者がコミュニケーション的合理性に関わり、組織内での道徳・文化・規範等に関わるものと考えられる。柴田（二〇一三、一四八頁）。

（4） こうした理解について経営学の立場で論じているのは。ドイツの経営経済学者のホルスト・シュタインマン（Horst Steinmann）を中心とした「シュタインマン学派」であった。目的―手段関係の効率性という意味での技術的あるいは記述的合理性と区別される規範的（normative）あるいは指示的（prescriptive）な合理性の重要性を指摘するとともに、ここで問題となる公正ないし正義の意味での合理性が「超主観的な対話」(transsubjekiver Dialog)を通して正当と見なされる行為は合理的に基礎づけられ、科学的に基礎づけられたものと考える。こうした観点からシュタインマンらは、企業に関わる各種の利害対立の解決という政治的プロセセに積極的に取り組むことになった(万仲 二〇〇一、三四—五頁)。

(5)「合成最適化」という概念は一九六〇年代に英国のタビストック人間関係研究所を中心として提唱されてきた社会・技術システム論の中核概念であった。風間信隆稿「社会・技術システム論」村田稔編著(一九八五)を参照せよ。この場合に、求められるのは、技術システムと社会システムの「部分最適化」ではなく、システム全体の「合成最適化」である。そこで本書で理解される合理性も社会・経済システム、即ち、経済的合理性と社会的合理性とを統合ないし調整する合成最適化が求められている。

第一部　内発的・経済的合理性の追求

第一章　官僚制論と経営合理性

本章は、ドイツの社会学者であるマックス・ウェーバー（Max Weber）の近代的官僚制論における合理性の概念について概説する。また、ウェーバーの官僚制論がその後の経営学、ないし組織研究に与えた影響について検討する。

一　ウェーバーの官僚制論の諸前提と背景

ウェーバーは著書『経済と社会』第三部「支配の諸類型」において、社会には支配（Herrschaft）と服従の関係があるが、支配のためには服従者たちが自発的に支配者へ服従しようと考える根拠が必要であると主張した。そして、権力の行使は正当的でなければならないという命題に基づき、支配のタイプを伝統的支配（traditionale Herrschaft）、カリスマ的支配（charismatische Herrschaft）、合法的支配（legale Herrschaft）に類型化した(1)。伝統的支配の場合、伝統によって権限を与えられた秩序や首長の人格に対し、過去の先例に拘束され、習慣的なものの領域における恭順のゆえに服従がなされる。カリスマ的支配の場合には、カリスマ的に資格のある指導者そのものに対し服従がなされるが、それは、啓示や英雄的行為、または模範的資質に対する人格的信頼によるものであり、また、指導者のこうしたカリスマへの信仰が行われる範囲内においてである。法規による支配の場合、合法的に成文化された没主観的(2)・非人格的（Unpersönlichakeit）(3)秩序に対して、服従がなされる。また、この秩序によって規定された上位者に対しても服従がなされるが、それは彼の指令が形式的な合法性を持つためであり、また、この指令の及ぶ範囲内においてである（Weber 1968, 翻訳書、三〇―三一頁）。

この支配の三類型のうち、ウェーバーは法律や機関による人間活動の合理化と統制、即ち合法的支配を、権力の正当性を獲得するための最も合理的な制度として位置づけている（Collins 1994, 翻訳書、九二頁）。合法的支配がカリスマ的支配や伝統的支配より合理的だと見なされるのは、支配者から発せられる命令に従う際に、合法的支配の場合は少なくとも建前上は法を参照することができるがゆえに、即ち法から正当性を調達できるがゆえに、命令に従わなければならないのか、どの命令が無効なのか、あいまいさがなく決定することが可能であるからとされる。また、合法的支配においては、命令と命令の間に首尾一貫性があり、矛盾がなく、命令の集合体が全体として整合的なシステムとなっている。したがって、支配者がどのような命令を発するのか、どのように判断するのかということを、服従者はおおむね予期することができる。一方、カリスマ的支配は主人（上司）との恣意に依存している。つまり、命令相互間に整合性があるとは限らないし、一つずつの命令の意味が一義的に決定されるとも限らず、予測可能性も低い。伝統的支配においては、伝統的な因習による制約があるため、こうした命令の恣意性の程度は低下するが、伝統そのものに根拠がなく恣意的である（大澤二〇一九、三一三―三一四頁）。

資本主義経済が発展し、行政事務が拡大し複雑化した近代社会においては、それに対応するためにも近代的官僚制[4]の構造的特徴が合法的支配の典型となる。ウェーバー（一九二一）によれば、近代的官僚制には、①法規や規則によって一般的な形で系統づけられた明確な権限の原則があること、②上位者による下位者の監督という官職階層制と、官庁相互が明確な上下関係の体系をなすこと、③職務執行は、（口頭ではなく）原案または草案という形で保存される書類（文章）に基づいて行われること、④職務活動は別個の領域として私生活の領域から区別され、職務上の金銭や財産は私有財産から区別されること、⑤専門的な職務活動のために、専門的訓練が行われること、⑥（フルタイム就業で）全労働力を投入して職務に取り組むこと、⑦職務執行のために規則を習得していること（Weber, 1921, 翻訳書、七―一〇頁）、⑧個々の仕事は、専門的知識や技能を持つ職員に割り当てられ、分業で行われる（Weber, 1921, 翻訳書、三四―三五頁）、という特徴がある。

こうした官僚制の特徴は、行政組織のみならず、軍隊や株式会社の組織形態においても見られ、官僚制的構造の発達は物的経営手段の集中化と一致している。官僚制は合理的性格を持っており、規則、目的、手段、即物的非人格性が官僚制の様態を支配する。官僚制の成立と発展は革命的に行われ、このような官僚制によって合理的な性格を持たなかったカリスマ的支配や伝統的支配は衰退することとなる（Weber 1921, 翻訳書、七五―七六頁）。また、近代的官僚制は、計算可能な規則を主軸とする。官僚制が非人格化されればされるほど、非合理的な感情的要素が排除されるほど、資本主義に好都合な特有の性格をいっそう完全に発達させることになる（Weber 1921, 翻訳書、三五頁）。

即ち、近代的官僚制は、近代社会の要求に即した、さまざまな組織に利用され、必然的な組織形態であり、身分や出自、または人格に関係なく、能力さえあれば平等に、規則通りに職務が執行されるという標準化が基盤となっている。また、規則に即した予測可能性を有している。官僚制は、首長の下に物的経営手段が集中することを特徴とするが、これは大規模な資本主義的私企業においても典型的に見られることである。企業がすべての金銭の出し入れを組織として一元的に会計管理するように、官僚制国家はすべての経費を予算として計上する。上部機関は予算の枠内で、下部機関に経常的経営手段を付与し、その利用をコントロールする。資本主義的な大企業が物的経営手段を一元管理することによって、無駄を省き、効率性を高めるように、近代的官僚制国家も予算を通して、自らを効率的に組織化する（仲正二〇一四、一二五―一二七頁）。

このように、ウェーバーが技術的に非常に優れた管理構造であると特徴づけた近代的官僚制組織は、法規や規則に基づき、「非人格化」され、「標準化」され、「計算可能性」を持った構造を通じて、「即物的な」専門家により職務執行が行われる目的達成のための手段として捉えられる。

二　官僚制論における合理性

序章においても詳述されたように、ウェーバーは近代化とは社会のさまざまな領域で合理化が進捗することと捉え、近代化の本質を合理性に見ている（大澤 二〇一九、三〇五頁）。彼の社会学理論とは、経済活動の制度的な基礎を分析するための道具、さまざまな社会で経済活動を推進したり阻害したりする諸力は何かを解明するための道具を創出する試みであり、さまざまな制度の合理化過程、即ち手段と目的を結ぶ抽象的な計算の発展に関心を寄せ、近代資本主義を合理化された経済として、官僚制を合理化された組織として、また近代国家を合理的・依法的な権威に基づく公式的手続きと規則に基礎を置くものとして記述している（Collins 1994, 翻訳書、七九―八〇頁）。

官僚制組織は、すべての意思決定と行為が制定された規則に基づくという意味で形式的に合理的である。規則は管理と職務の標準化をもたらし、形式合理化は、規則への準拠、予測・計算可能性の増大、物象化（Versachlichung）、非人格化を構成要素とする（村上 二〇〇二、四八頁）。つまり、官僚制論では恣意性を排除し、客観的意思決定を確保するための組織デザインまたは組織構造の合理性が追究されている。

一方、ウェーバーは官僚制論において効率性を強調していると誇張されているが、実際は効率性という用語を取り上げておらず、権力を行使するための最も形式的に合理的な方法を語っている。そのため、官僚制論は効率性というよりも、技術的合理性や適切さが追究されていると見なすことが妥当である（Clegg and Lounsbury 2009, p. 119）。

また、官僚制は、権限に応じて役職を規定し、それを階層の中に位置づけ、専門家をその役職に配置し、活動カテゴリーごとのルールを設定し、事例やクライアントを分類する。さらに、給与とキャリア昇進のパターンを提供することによって、専門職員に対して然るべき成果をあげるように動機づける。この意味において、官僚制論は、クローズド・システムの論理を用いており（Thompson 1967, 翻訳書、六頁）、これは序章において提示された内発的合理性を追究していると捉えられる。

三　官僚制論のパラドックス

ウェーバーは、権力の行使のために、手段—目的という判断基準を社会的行為の説明にも適用する立場をとる（Giddens 1993, 翻訳書、七二頁）。しかしながら、官僚制論は所与の目的に従う合理的手段を自明のものとするがゆえに、既存の制度への準拠を説明することにとどまり、目的の達成にコミットする動態的な側面や政治文化的な文脈は考慮されていない。即ち、ウェーバーの描く官僚制は近代組織の構造の形式的な合理性を表象するものではあっても、その過程の実質的な合理性を保証するものではない（山田 二〇一七、六九頁）。一方、ロバート・K・マートン（Robert K.

Merton)、フィリップ・セルズニック（Philip Selznick）、アルヴィン・W・グールドナー（Alvin W. Gouldner）、ピーター・M・ブラウ（Peter M. Blau）、アミタイ・エツィオーニ（Amitai Etzioni）など後の社会学者や組織論者たちは、予期せず外部から課せられたニーズや要求に内的に適応していくシステムとしての組織モデルに基づいて、官僚制論の構造機能的な説明上の弱点や限界について、官僚制の非合理的側面、ないし合理性のパラドックスとして議論を展開している（Reed 2009; March and Simon 1993）。

マートン（一九六八）は、規則や手続きに対する組織成員の過度な遵守が、規則に従うことが自己目的であるという手段―目的の移転(6)を生じさせ、手段的価値が究極的価値になってしまうことを指摘した。彼は、こうした手段の目的化を官僚制の逆機能（dysfunctions of bureaucracy）と呼び、硬直性や形式主義のような組織の逸脱した行為の要因となることを明らかにした（Merton 1968, pp. 251–253）。

セルズニック（一九五七）は、本来は生態系の維持と地域経済の発展のために公的所有の土地と物的資源を利用することを目的としたテネシー川流域開発公社（ＴＶＡ）という技術的に合理的な官僚制組織が、内外の利害関係に順応していった結果、営利的組織へと転換していく目的の移転について論じている。セルズニックは、ウェーバーの官僚制論は方法論的にも理論的にも官僚の権力と統制が承認され、配分される公式的な構造とメカニズムに焦点を当てた理念型の分析を行っているがゆえに、官僚が実際に何をしているのか、どのようにしているのか、組織や奉仕すべき価値や利益にどのような長期的影響を与えるのかではなく、官僚の行動が従うべき公式に説明された規則や規定に焦点を絞ってしまうと指摘する（Reed 2009, p. 564）。

また、セルズニック（一九五七）やグールドナー（一九五四）は、ウェーバーが形式主義的な理念型の分析に過度に依存した結果、官僚制の権力と支配形態の変化に対する現実の正当性と運営の同意を得るための複雑な社会政治的プロセスへの関心を欠いていると批判する。そのうえで、こうしたダイナミックで複雑な社会的プロセスと現象を説明しようとする官僚制論を批判する理論的アプローチにおいては、固有の道具的行為のパラドックスが主要な説明の焦点となるとされる（Reed 2009, p. 566）。

とはいえども、ウェーバーの官僚制論は理念型を前提としていることは注視する必要がある。理念型とは、ある社会現象に関して、特定の観点から見て意義あるとされたことがらだけを抽出し、強調したことによって得られる概念的構築物を意味する（大澤 二〇一九、二九九頁）。官僚制などについての抽象的なモデルである理念型は、複雑な歴史的現実のある一局面を把握することが可能であるが、物事の多様な側面を把握するためには、一度にいくつもの異なる理念型を当てはめなければならない。ウェーバーは、あらゆる歴史のパターンに当てはまる諸法則が存在することは否定していたが、社会的分子がそれぞれの水準で極めて構造化されており、また規則性を持っていることに関心を寄せ、理論化した。一方、社会を構成する異なる集団、利害、パースペクティブが織りなす価値判断や偏った利害という価値判断が、形式的な手続きを増加させると同時に、自覚的な目標達成にかける人間の実質的能力を腐食するものでもあるという合理性が持つ諸刃の剣の側面をウェーバーは認識していたという指摘もされている（Collins 1994, 翻訳書、八一頁）。

四　ウェーバー概念の継承と影響

技術的・形式的合理性を基盤とした近代的官僚制に関する諸研究は、官僚制組織が生み出す予期せぬ結果に焦点が当てられる一方、組織が置かれる条件によっては有効な組織構造であるという肯定的な議論も展開されている。組織が置かれる環境、状況や条件が変われば、それに適合する組織形態も異なると提唱するコンティンジェンシー理論の論者達は、明確に官僚制との関係を言及していないが、例えば、トム・バーンズ（Tom Burns）とジョージ・M・ストーカー（George M. Stalker）（一九六一）が提示した安定的な環境かつルーティンワークを遂行する場合に最も有効に機能するとされる機械的組織[7]は、官僚制組織に相当するとされている（岸田 一九八五）。

また、想定外にウェーバーの官僚制の枠組みを補完することになった意思決定論は、Neo Weberian Modelとも呼ばれている（Perrow 1972）。ジェームズ・G・マーチ（James G. March）とハーバード・A・サイモン（Herbert A. Simon）（一九九三）によれば、組織における意思決定は、対象とする問題が反復的、ルーティン的なもので、解決策が経験的に定まっている定型化された意思決定（プログラム化された意思決定）と、あらかじめ予測することが困難でプログラム化しにくい非定型的意思決定に類型化される。まさに、前者の意思決定は予測・計算可能性という特徴から、技術的に合理的な組織観であると捉えられる。一方、個人レベルでは、情報を処理して合理的な意思決定を行うには限界があるとし、官僚制における学習の機能不全を提示した。この理論の主軸となっているのは、個人の情報処理には限界があるため、合理的な管理者達は最適解を目指すのではなく、満足化基準で意思決定を行うという個人の合理的能力の限界（限定合理性）である。

官僚制を代表とする近代社会の公式組織は、技術的効率性を追求するために形成されたものとして捉えられてきたが、ウェーバーの官僚制論を再考し、別の視点から制度の形成を捉えるのが新制度派組織論（Neo Institutional Theory）である。ジョン・M・マイヤー（John W. Meyer）とブライアン・ローワン（Brian Rowan）（一九七七）は、近代社会においてなぜ組織は技術的効率性を追求するのかについて議論を展開した。その帰結として、高度に制度化された環境要因こそが組織構造や手続きを形成する主要な要因であり、組織の存続や成長にとっても決定的な要因となるため、合理性の根拠として組織は物象化された制度を参照することを提示した。換言すると、近代社会の規範として社会的に作られた合理性という神話（rationalized myths）に従うことによって、組織は準拠した慣行や手続きの有効性を問わずに技術的効率性を有したものであるという仮定に基づき、社会からの正当性を獲得し、生存の確率を高めることが可能であることを主張した（Meyer and Rowan 1977）。つまり、官僚制が技術的効率性を持つとされるのは近代社会の規範としての合理化された神話であり、こうした制度的神話を取り入れることによって、組織は正当化されることを彼らは論じている。

本章は、ウェーバーの近代的官僚制における合理性の概念について考察した。また、官僚制論がその後の経営学ないし組織研究に与えた影響を提示した。ウェーバーは資本主義の台頭と近代化の進展を背景とし、新しい権力と支配の形態として、形式的に合理化された合法的な管理システムとしての近代的官僚制を記述した。一方、官僚制論を含めた近代管理論・組織論では、非人格性が追及された既存の制度への準拠が強調され、行為主体性が削ぎ落されていく。こうした側面から、官僚制に関連する後の諸研究では、主体的行為（エージェンシー）と構造のジレンマやパラドックスが強調されてきたとされる（Reed 2009, p. 575）。しかしながら、松嶋・浦野（二〇〇七）は、ウェーバーによる官僚制組織の議論は、理論的には行為主体の主観的な正当性に基づいて検討されたものであり、官僚制組織とはその正当性が現れた社会様式として（現実の特殊性や複雑性から抽出された）理念型として描かれたものであったと論じている。その意味においては、マートンによる批判は現実の官僚制組織における反応がウェーバーによる理念型では説明できないことを指摘するものと考えられ、また新制度派組織論による官僚制の定義は結果としてウェーバーによって描かれた組織の構造的特徴のみに注目したものであると指摘する。

また、官僚制は、変化や環境の複雑性に対処するための組織形態としては効果的ではないとされている（e.g., Burns and Stalker 1961; Thompson 1967）。そのうえ、イノベーションの実施には適しているが、イノベーションの創出には適していないという議論や、イノベーションを創出、実施する従業員達は、職務に高い自律性を求めているため、形式的に合理化された管理システムのもとでは彼らのコミットメントやイノベーションの有効性が損なわれる可能性があるという議論も展開されている（Adler and Borys 1996, p. 63）[8]。

（鈴村　美代子）

注

（1）Weber の権力の正当性概念については、濱嶋朗訳『権力と支配』（講談社学術文庫、二〇一二年）を参考にしている。

（2）没主観性（Sahliichkeit）とは、客観性と同義である。

（3）非人格または非人間化とは、非合理的な感情的要素を排除することをいう（Weber 1921, 翻訳書、三五頁）。

（4）ウェーバーは、近代化の本質を合理化（Rationalisierung）に見ている。つまり、近代化とは社会のさまざまな領域で合理化が進捗することであり、西洋でのみ出現した文化現象であると主張する（大澤二〇一九、三〇五―三〇八頁）。

（5）即物的とは、人を考慮せず計算可能な規則に従うことをいう（Weber 1921, 翻訳書、三五頁）。

（6）目的の移転とは、組織社会学の用語で、規則を守ることはもともと目的を実現するための手段であったが、それが目的にかわり、一つの自己目的として究極的価値となることをいう。マートンが用いて、社会学の世界に定着した。一般的に、組織論の文献では、目的の転移は病理とされる（Collins 1994, 翻訳書、八頁）。

（7）機械的組織に対して、より流動的で複雑な環境のもとにある組織は、有機的な組織構造を採用する傾向が見られると論じた（Burns and Stalker 1961）。

（8）このことについて、Thompson（1967）や Adler（1992）などの諸研究では、官僚制組織におけるイノベーションの創出をテーマとして取り上げている。

第二章　科学的管理・管理原則理論と経営合理性

組織を効率よく滑らかに回転する機械のように動かすことを求めた古典的な組織観は、階層構造と官僚制の発展と関連するものであり、近代マネジメントの理論と実践の基礎となっている（Daft 2001, 翻訳書、二〇頁）。本章は、前章において既述したウェーバーの官僚制論とともに古典的管理論・組織論として位置づけられる、フレデリック・W・テイラー（Frederic W. Taylor）が提唱した科学的管理法とアンリ・ファヨール（Henri Fayol）の管理過程・管理原則理論について概説し、これらの理論に共通する経営ないし組織の合理性概念について検討する。

一　科学的管理法の特徴

科学的管理法を提唱したテイラーは、ハーバード大学に合格するが進学せず、一八七八年に当時の先端企業であったミッドベール・スチール社に入社した。テイラーは、最初の二カ月だけ普通の機械工として従事した後、旋盤を任されるとともに他の労働者を監督する職務に就き、二三歳で組長、二四歳で職長、そして二八歳で主任技師を任命されている。一九一一年に出版された『科学的管理法の原理』（*Principles of Scientific Management*）における科学的管理法の基礎的アイデアは、テイラーがミッドベール・スチール社で直面したさまざまな問題、とりわけ工員による組織的怠業との格闘の中から生まれたとされる（中川 二〇一二、四一一〇頁）。

イギリスを発祥とする産業革命は、ドイツやアメリカへ急速に影響を及ぼしていったため、一九世紀末のアメリカでは、産業の発展とともに企業規模が巨大化し、市場における企業間競争が激化していた。そのため、企業は作業能率の向上による生産コスト低下を最重要課題としていた。しかし、当時のアメリカの工場では、雇用者・管理者側と労働者側の双方に問題が生じていたとされる。例えば、工場では出来高払制が導入されていたが、工員が精を出して働いたことにより出来高が増えると、雇用者側は工賃単価を下げるという状況が繰り返されていた。その結果、労働者達は単価の切り下げを防ぐには怠業しかないと考え、工場では組織的怠業（systematic soldiering）[1]が蔓延していた。一方、管理者達は工場現場における種々の作業を完了するための正当な所要時間を把握しておらず、自身の経験や勘によって労働者の管理を行っていた（Taylor 1911, 翻訳書、二二七―二四〇頁）。そのため、テイラーは、こうした労使の問題を科学的な根拠に基づいて管理することによって解決する必要があると考えた。

テイラーによれば、科学的法則に従って仕事をしていくためには、管理者と工員との間にはっきりした責任の分担がなければならないという。とりわけ、管理者はこの科学を発達させる義務があり、従来、工員任せであった仕事の仕方を引き受けて、実行しなければならない。こうして、管理者と工員が協働の関係を構築することにより、工場内における工員や機械は最大の出来高を達成することができる（Taylor 1911, 翻訳書、二四〇—二四二頁）。

このような見解のもと、テイラーは管理についての客観的な基準を作り、生産現場の作業標準化を行った。テイラーによって考案された科学的管理の手法は、課業管理（task management）、作業研究（work study）、指図票制度（instruction card）、段階的賃金制度、そして職能別組織で構成されている。テイラーは、従来の経験則に基づいた成り行き管理に替えて、客観的、非人格的、科学的に分析された課業（task）に基づく管理を行うことが必要であると考えた。そのため、労働者の一連の作業や動作を時間・動作研究により測定・分析し、一日の公正な作業量、標準的作業量を設定すると同時に、諸条件や用具等の標準化も実施した。また、従来の単純出来高払い制に替えて、差別出来高払い制を導入した。これは、標準を満たせば高賃率となるため、労働者の動機づけと、その帰結としての低コスト化の実現が想定されている。こうした課業管理を行うために計画部が設置され、多種多様な作業の課業は計画部の専門スタッフによってすべて決められ、工場で使用する道具、時間、作業が標準化、マニュアル化された。労働者は、作業指図票に沿って、極力何も考えることなく作業することが求められ、作業のうえで考える部分を実際に行動する部分から独立させた。さらに、職務は可能な限り特化されるべきという考えから、一人の職長が指示・命令をしていた万能的職長に替えて、職長の仕事がその役割によって分化された職能別職長制度が導入された（c.f. Taylor 1911, 翻訳書、三一四―三二五頁)。しかし、各職能の長から指示・命令を受けるこの制度は、一人の工員が複数の上司からの命令を受けることになるため、命令の一元制や権限関係が侵犯されるとの懸念から、管理職側からの抵抗に遭い、実際はほとんど採用されなかった(奥村 二〇〇一、一四頁)。

このように、人間は経済的動機によって動くという人間観のもと、テイラーは工場や現場の生産性・能率性を向上させるための唯一最善の方法を管理という側面から追求した。こうしたテイラーのアプローチは、今日もさまざまな業界の諸企業において、能率、生産性、予測可能性を高めるのに重要な役割を演じている(奥村 二〇〇一、一五頁)。

成り行き管理から科学的管理への移行を提唱したテイラーの科学的管理法は、国際的な能率増進運動を引き起こし、多くの工場現場において採用されていった。一方、イギリス、フランス、スウェーデン、デンマークといった国々では、評価目的とコントロール目的で労働者のインプットとアウトプットを定量化する科学的管理法は労使間の信頼と協調を破壊するものであるとされ、労働組合によって科学的管理法は否定的評価を受けてきた。しかし、その後、「生産性向上運動」の下で労働組合の一定の規制力の下で科学的管理は大規模に導入され、普及するところとなった。また今日では、技術的効率性や形式合理性を重視する風潮がグローバル化した経済全体に広まっているため、デジタル化と関連して新たな形でテイラーイズムが浸透している(Hatch 2013, 翻訳書、四一―四二頁)。

二　管理原則・管理過程の理論的展開

テイラーと同時代の人物であるフランス人のファヨールもまた、技師としてキャリアをスタートしたが、最終的には経営者となっている。そのため、ファヨールの理論は彼の経営者としての経験に基づいている（Peaucelle and Guthrie 2013, p. 68）。ファヨールは一九一六年（英訳は一九四九年）に出版された著書『産業ならびに一般の管理』において、企業全体を対象とし、生産性向上のための経営・管理プロセスについて検討した。その際、経営と管理を混同しないことが重要であるとし、経営と管理を以下のように区別した。

経営するとは、企業に委ねられているすべての資源からできるだけ多くの利益をあげるよう努力しながら企業の目的を達成するよう事業を運営することであり、本質的職能の進行を確保することである。この経営の本質的職能は、①技術職能（生産、製造、加工）、②商業職能（購買、販売、交換）、③財務職能（資金の調達と運用）、④保全職能（財産と従業員の保護）、⑤会計職能（棚卸、貸借対照表、原価計算、統計など）、そして、⑥管理職能（計画、組織、命令、調整、統制）という六つの職能で構成されているとされる。このうち、他の職能が原料や機械を動かすのに対して、管理職能は従業員だけに関わるがゆえに、別水準として扱われる（Fayol 1916, 翻訳書、四―一〇頁）。

管理するとは、計画（予測）[4]し（将来を探求し、活動計画を作成する）、組織し（事業経営のための物的および社会的という二重の有機体を構成する）、命令し（従業員を職能的に働かせる）、調整し（あらゆる活動、あらゆる努力を結合、団結させ、調和を保たせる）、そして、統制する（樹立された規則や与えられた命令に一致してすべての行為が営まれるよう監視する）ことを意味しているが[2]、経営がその進行を確保せねばならない本質的六職能の一つにすぎないとされる（Fayol 1916, 翻訳書、一〇頁）。ファヨールは、管理職能を行うためには道具としての組織体が必要であり、その組織体を健全に機能させるものが管理原則であると主張した。

また、ファヨールは自身の実務経験に基づいて、分業、権限、規律、命令の一元制、指揮の一元制[3]、個人的利害の一般的利害への従属、報酬の公正さ、権限の集中、階層組織、秩序、公正、従業員の安定、創意力、従業員の団結という「管理の一般原則」を提示した。この十四項目の管理原則は、現在の戦略的リーダーシップやマネジメントの理論・モデルにも通じるところがある（Peaucelle and Guthrie 2013, p. 70）。

このように、ファヨールは企業経営を技術、商業、財務、保全、会計、そして管理という六つの職能からなるとし、とりわけ経営全般における管理の役割を重要視した。また、管理職能を、計画（予測）、組織、命令、調整、統制の五つの要素からなるプロセスとして捉えた[5]。マネジメント（経営管理）を職能であると捉え、経営管理者の職能は管理要素が段階的、循環的、継続的に展開されるプロセスであることから、ファヨールに連なる研究者達は管理過程学派（the management process school）と呼ばれている（間嶋 二〇一一、一七六頁）。

こうしたファヨールの概念は、ヘンリ・ミンツバーグ（Henri Mintzberg）やジョン・コッター（John Kotter）のマネジャーの活動に関する研究に引き継がれている（Peaucelle and Guthrie 2013, p. 69）。ファヨール理論は、集められたケースが非常に少なく、現実とかけ離れており、またその管理原則は矛盾しているという批判があるが、ファヨールが経験的に管理職能を導出したのに対し、ミンツバーグは定性的手法を用いて実証的にその役割を導いている（間嶋 二〇一一、一九九―二〇〇頁）。

ファヨールは経営・管理にマネジメント（management）ではなく、アドミニストレーション（administration）という用語を使っており、アドミニストレーション機能は、組織内での職位が高くなるに従って重要になるという。しかしながら、ファヨール理論は、部分的機能である管理機能と全体的機能である経営との、部分と全体の問題の切り分けが十分に明らかにされていない。組織に経営機能と管理機能が存在することは確かであるが、それらはそれぞれどのレベルで、何を問題とし、どのように関わりあっているのか経営と管理の関係性については曖昧であると指摘されている（佐々木 二〇一一、五七頁）。

三　科学的管理と管理原則・管理過程の比較

前述のように、テイラーは技師として、あるいは技術コンサルタントとしての経験から工場や現場内の生産性向上に関心を寄せ、工場内の生産に対するアプローチを変化させることに焦点を当て、現場における作業管理の合理化を目指した。一方、ファヨールは長年の経営者としての経験から、組織全体の設計と機能に焦点を当てている（Daft 2001, 翻訳書、一二一頁）。換言すると、テイラーの関心事は工場レベルの管理であり、それを従来の工場管理者の主観や経験から解放して、科学的で客観的な根拠に基づいて実施させようとした。これに対して、ファヨールが問題にするのは工場や会社などの組織全体の経営であり、客観的で科学的な原理・原則や方法で経営しようとした。両者はともに仮説と実証に裏づけられた科学的で実証的な科学としての管理論、あるいは経営学の確立を目指しており、経験から科学という点では共通しつつも、その対象領域は相違する（佐々木 二〇一一、五三頁）。

また、ファヨールは命令・指揮の一元性を強調しており、テイラーの一人の労働者が複数の機能別管理者から命令を受けることができるという職能別職長制の考えに強く反発した。しかし、高校の各々の教師が自身の担当クラスのことしか学生へ指示しないのと同様に、管理者がそれぞれ別の領域で仕事を行うのであれば不可能ではないかもしれない、あるいは平時なら可能かもしれないと、最終的にはテイラーの立場をある程度認めていたとされる（Peaucelle and Guthrie 2013, pp. 66-67）。

第一章において既述したウェーバーの官僚制、そしてテイラーの科学的管理法およびファヨールの管理原則は、古典的管理論または機械的組織論として位置づけられる。機械的組織では、実行すべき課業が単純明快で、環境が安定しており、同じ製品を繰り返し生産し、正確さが至上命題で、人間という「機械部品」が従順で設計通りに動くという条件のもとで優れた働きをする（奥村 二〇〇一、一四頁)。また、客観的測定に基づいた効率を通じて組織を合理的に管理する科学的管理法、および組織を円滑に機能させるための管理原則の見解はともに、モダン・パースペクティブに引き継がれている(Hatch 2013, 翻訳書、四二―四五頁)。モダン・パースペクティブにおいて、環境は組織の境界の外に存在する客観的実体であり、組織は環境内の需要に応じて製品ないしサービスを生産するための道具とされる(Hatch 2013, 翻訳書、九四頁)。そのため、モダンな視点では、組織を統治する普遍的な原則や法則の発見、組織と組織のパフォーマンスを説明する理論の規定、構造、ルール、標準化、ルーティンに焦点が当てられる(Hatch 2013, 翻訳書、二四頁)。

四　古典的管理論における経営合理性の視座

ジェームス・D・トンプソン(James D. Thompson)によれば、組織に関する文献の大部分は、効率性や成果の向上を求める探求の副産物として生み出されたため、組織の合理的モデルが採用されてきたという。科学的管理法は、主として製造活動あるいは生産活動に焦点を合わせ、経済的効率性を究極的な基準として用いている。そして、技術的論理に従って手続きを計画し、標準を設定したうえで、その標準に適合し、技術的な論理に適合するようにコントロールすることにより、効率性の最大化を目指している。科学的管理法では、目標は既知ないし所与のものであり、タスクは反復的であり、生産プロセスの産出物は市場において何とかして売り切ることができ、均質な資源が入手可能であると仮定することによって、組織の概念的閉鎖性を達成している。また、古典的管理論の文献は、組織における生産、人事、購買、ならびにその他のサービス部門などの間に見られる構造的関係に焦点を合わせ、究極的な基準として経済的効率性を用いている。職務を専門化し、それらを部門にまとめ、統制範囲や権限移譲などの組織原則に基づいて責任を明確にし、計画に合わせて行為をコントロールすることによって効率性を最大化している。古典的管理論の学派は、閉鎖性を達成するにあたって、究極的には基本計画が既知であり、それに基づいて専門化、部門化、ならびにコントロールの仕方が定められると仮定している。また、生産の課題は既知で、アウトプットはすべて売りさばくことができ、資源は組織にとって自動的に入手可能なものとなっていると仮定している。このような合理的モデルのアプローチは、すべての資源が適切なものであり、その配分は基本計画に適合しており、すべての行為が適切なもので、その結果は予測可能なものというクローズド・システムの論理を用いた組織のコントロールに焦点を合わせている（Thompson 1967, 翻訳書、四―六頁）[6]。即ち、クローズド・システムの論理に基づき、経済的効率性を基準として用いる科学的管理法や管理原則・管理過程理論は、序章において提示された経済的合理性・内発的合理性の追求を目指したものと捉えられる。

また、テイラー、ファヨール、そしてウェーバーはともに、組織とは所与の目的を達成するために合理的に形成されるもの、あるいはそのように形成できるものと見なしている。一方、ウェーバーの合理性から見る組織観では、経営者の存在は曖昧であり、マネジャーも組織成員の一員と見なされている。つまり、経営者自身も組織の一部として組み込まれており、必ずしも常に自分の思い通りに組織を変えることができるとは想定されていない。これに対して、テイラーやファヨールから見る組織観は、組織を経営者やマネジャーの目的達成のための手段、ないし道具と捉えている点において相違する（藤田 二〇〇一、二二頁）。

古典的管理論・組織論では、組織の目的を達成するために、いかにして合理的な選択ができるかという命題に対して、唯一最善の方法（最適解）が追求された。しかしながら、技術的効率性、ないし道具的・形式的合理性に即した古典的管理論・組織論では、非人格性が追及された既存の制度への準拠が強調され、一方で行為主体性（agency）が削ぎ落とされていく（Reed 2009, p. 575）。経済合理性を所与としながらも古典的管理論・組織論の取りこぼしてきたこの課題に関する検討は、第四章の人間関係論および第五章の人的資源管理などの諸理論へと引き継がれることとなる。

（鈴村 美代子）

注

（1） 他者との関係から色々細かい思慮を巡らせた結果として怠けることをいう。一方、人間生まれつきの本能および傾向として楽をしたがることを自然的な怠業という（Taylor 1911, 翻訳書、六二頁）。

（2） 英訳では、managing as planning, organizing, commanding, coordinating, and controlling と記述されている。

（3） 命令の一元制は、それぞれの部下は一人の上司からのみ命令を受けること、指揮の一元制は組織内の類似する活動は一人の管理者の指揮下にまとめられることを意味する（Daft 2001, 翻訳書、二一頁）。

（4） ファヨールが「計画（予測）」と名づけた経営戦略に関しては、（ファヨールを含む）この時代の理論では十分に触れられていない。

（5）この概念は、今日におけるＰＤＣやＰＤＣＡサイクルなどの経営管理プロセスに通じる。

（6）トンプソンはファヨールの管理原則・管理過程については言及していない。

第三章　グーテンベルクの経営経済学と経営合理性

本章の目的は、ドイツの経営経済学者エーリッヒ・グーテンベルク（Erich Gutenberg）[1]の経営経済学説を、「経営合理性」という観点から再構成し、その意義と限界を提示することで、現代経営学へのその貢献を探ることである。

一般に、ドイツ経営経済学の学説史研究において、グーテンベルクは「理論学派」を代表する学者と見なされている。彼の学説は、オイゲン・シュマーレンバッハ（Eugen Schmalenbach）の生産性志向を受け継ぎつつ、新古典派経済学的な数理的手法によって、高度に体系的な生産理論を打ち出した。

このようなグーテンベルクの議論は、現代ではいわゆる「マネジリアル・エコノミクス」に連なるものであり、本書の分類でいえば、企業経営の内部において経済合理性を追求しようとした理論の代表格に位置づけられる。特に彼の理論は、ドイツの経営経済学における代表的な研究潮流である「一般経営経済学（allgemeine Betriebswirtschaftslehre）」の観点から、全体経済との関連、あるいは人間に関する規定を踏まえて経営内部の合理性を考察している。本章では、アメリカの経営管理理論とは一線を画するグーテンベルク経営経済学説について、「経営合理性」という観点から再構成し、現代経営学へのその貢献を探ることを目的とする。なお、本章ではグーテンベルクの経営経済学として、一部を除き、主著である『経営経済学原理（*Grundlagen der Betriebswirtschaftslehre*）』の第一巻「生産編」（Gutenberg 1951）において展開された議論に限定する（以下この主著を『原理』と称する）[2]。

一　グーテンベルク経営経済学の特徴

グーテンベルクの『原理』第一巻生産編は三部構成となっている。第一部は「生産要素の体系」であり、第二部は「結合過程」、第三部が「経営形態の決定要因」である。

第一部「生産要素の体系」では、企業経営における生産要素が詳細に検討されている。グーテンベルクは、企業の「基本要素（Elementalfaktoren）」として、材料（Werkstoff）、経営手段（Arbeits- oder Betriebsmittel）と人間労働（menschliche Arbeitsleistung）を挙げ、さらに人間労働を、生産活動に直接関わる労働と、それら生産活動を指揮する「管理労働（処理的要素）（dispositive Arbeitsleistung; dispositiver Faktor）」とに区別し、後者の「管理労働」を第四の生産要素とした。この処理的要素はまさに「経営管理」を担うものであり、それまでの計算制度論中心のドイツ経営経済学において考察されてこなかった「企業管理」の側面が積極的に取り上げられる転換点ともなった

（海道 二〇〇一）。処理的要素は、「計画」と「組織」を駆使して指揮・統制を行い、材料・経営手段・人間労働という基本要素を結合させる役割を果たすとされる。

第二部の「結合過程」では、第一部で明らかにされた生産要素の「最有利」な結合過程を、数理的手法によって明らかにしている。周知の通り、彼の理論はシュマーレンバッハをはじめとする先達達によって形成された生産理論や費用理論を超えようとしたものであった。グーテンベルク以前の伝統的な費用理論の基礎となっていた生産関数は収益法則に基づくものであり、グーテンベルクはそれを「A型生産関数」と呼んだが、それは農業生産において妥当する法則が工業生産にも応用できると考えるものであった。しかしグーテンベルクによれば、このA型生産関数は、「多くの要素が複雑かつ有機的に関係しあっている」（榊原 二〇一三、二八頁）工業生産には妥当しない。工業生産において生産要素は代替的に捉えることができないのであり、A型生産関数における逆S字型の収益曲線は妥当しない。よって、「生産要素の代替を認めない制限的生産関数」（深山 二〇一三、五二頁）であるB型生産関数を提唱することとなったのである。

第三部「経営形態の決定要因」においては、企業経営が従うべき「原理」が議論されている。ここでは、資本主義・社会主義という経済体制に関わりなく妥当する「体制無関連的事実（systemindifferente Tatsbestände）」と、経済体制に規定される「体制関連的事実（systembezogene Tatbestände）」が区別される。前者においては、生産要素の体系（das System der produktiven Faktoren）、経済性原理（das Prinzip der Wirtschaftlichkeit）、財務的均衡原理（das Prinzip des finanziellen Gleichgewichtes）が挙げられている。後者においては、資本主義における経営を規定する、自律原理（das Autonomieprinzip）、営利経済原理（das erwerbswirtschaftliche Prinzip）、単独決定原理（das Prinzip der Alleinbestimmung）と、社会主義における経営を規定する、機関原理（das Organprinzip）、財・サービスが計画に従って生産されるという原理（das Prinzip plandeterminierter Leistungserstellung）、共同決定原理（das Prinzip der Mitbestimmung）が提示されている。[3]

このようなグーテンベルクの経営類型論は、ドイツ敗戦直後の一九五一年に『原理』が出版されたことを考えると非常に興味深いものだが、ここでグーテンベルクは、普遍的な経営原理としての「体制無関連的事実」を規定した上で、現実の企業経営の内実を肉付けするための「体制関連的事実」を規定していると考えられ、その意味で、彼の議論は実質的に、資本主義体制下における企業経営に関する研究であったといえる（万仲 二〇一三、深山 二〇一三）。

このような議論によってグーテンベルクが明らかにしようとしたのは、生産要素の規定とその「合理的」な結合のあり方だったといえる。その際、「合理的」とはどのような意味なのか。次節以降で見ていくことにしよう。

二　グーテンベルク経営経済学における「合理性」

グーテンベルクの経営経済学は、まさに『原理』において体系化され、結実したといえるが、彼の理論的・方法論的立場は、すでに一九二二年の博士論文『虚構としてのチューネン孤立国』、一九二九年の教授資格論文『経営経済理論の対象としての企業』(Gutenberg 1929) において確立されており、それが『原理』においても一貫されている(万仲 二〇一三)。

グーテンベルクは博士論文において、ハンス・ファイヒンガー (Hans Vaihinger) の「かのようにの哲学 (Philosophie des Als-Ob)」に基づいてヨハン・H・v・チューネン (Johann H. v. Thünen) に関する研究を行っているが、彼の経営経済学は、この「かのようにの哲学」の方法を色濃く反映している。これは、「…複雑な影響要因の全体のうちの一つを孤立化させて、意識的に現実を単純化する」(万仲 二〇一三、五頁) ものであるが、主流の自然科学的な研究、あるいはそれに沿って展開された新古典派経済学的な研究方法に類似したものである。企業経営現象は極めて複雑であるため、われわれは科学の名のもとに、現実を抽象化し、科学的に体系化できるよう構成するのである。

そのような抽象化の方法として『原理』で彼が選んだのが、企業を「生産要素の結合過程」と見なすことであった。即ち、複雑な企業経営現象を、「生産要素の結合過程」という観点から、それに関わる要素を抽出し、それ以外のものを捨象することで、企業経営現象を単純化して捉えようとするのである。

さて、グーテンベルクにあっては、生産要素は「最有利」な形で、即ち「合理的」な形で結合する。ここで彼のいう「合理性」とは、一般的な理解と同様、目的に対する手段の選択における合理性が想定されている (Vgl. Gutenberg 1929)。ここでは目的そのものについては合理性の考察の範疇外であり、所与の目的のもと、企業が生産性を最大にするような結合過程を分析するのである。企業経営には当然非合理的なものがつきまとうが、それらは考察の外に置き、「企業は合理性原理に従う」、即ち目的に対してもっとも適切な手段を選択すると仮定して、生産要素の結合過程を分析するのである（榊原 二〇一三）。

このことから、グーテンベルク経営経済学における「経営合理性」とは、所与の目的の下で、企業内の生産要素の最適な結合を目指すことにあるといえる。上で見たグーテンベルク学説の特徴において、これは第二部「生産要素の結合過程」に該当するものである。しかし、第一部「生産要素の体系」と第三部「経営形態の決定要因」の主張を考えるとき、話は単純ではない。次節では、彼の『原理』の考察に沿って、グーテンベルク学説における「経営合理性」を詳細に検討しよう。

三　グーテンベルク経営経済学と「経営合理性」

ここでは「経営合理性」という観点から、再度『原理』における全三部の考察を見ていく。

まず第一部「生産要素の体系」について見れば、上述の生産要素のうち、「合理性」という点で問題となるのが「人間労働」である。人間労働には、当然非合理的な側面が含まれる。これについてグーテンベルクは、まず生産活動に直接関わる労働については、科学的管理法や人間関係論の業績など、人間労働に関する多方面の文献を参照してその特性を詳細に分析しつつも、結合過程の数理的分析においてその非合理性は除外されている。

グーテンベルクの経営経済学において唯一「非合理性」を正面から扱っているのが、第四の生産要素である「処理的要素」である。生産要素の結合過程は管理者による指揮命令があって初めて動くのであり、グーテンベルクも企業経営にとっていうまでもなくもっとも重要な側面である（宮田二〇一三）。しかし、グーテンベルクのような方法論においては、その「非合理的側面」をどう扱うのかが問題となる。

グーテンベルクはこの処理的要素を「営業—経営指導（Geschäfts- und Betriebsleitung）」と称したが、この営業—経営指導は「非合理層」、「合理層」、「形成・実行層」に分けられる。「非合理層」は、経験や勘など、管理者の個人的な資質に起因する能力のことである。「合理層」は経営計画の立案を表すものであり「形成・実行層」は経営計画を実行するための組織を表す。この三つのうち、グーテンベルクは「非合理層」を考察の対象外とし、「合理層」と「形成・実行層」のみを生産要素として考察する。

もちろんグーテンベルクは、処理的要素の非合理性を無駄なものと見なしたわけではない。むしろ、非合理層は管理者の個性を表すものであり、かつ企業経営の意思決定においてもっとも重要な構成要素だとして重要視した。しかし、グーテンベルクは、自身の経営経済学はあくまで経営を合理的な観点から考察するものであり、したがって処理的要素の非合理的な側面を考察対象から外したのである。

グーテンベルクにとって、「合理層」と「形成・実行層」は、あくまで生産要素の効率的な結合を実行するための道具である。上で見たとおり、グーテンベルクは資本主義体制下の企業を実質的な考察対象としていたのであり、これに基づけば、これらの合理性は「営利経済原理」である「利潤最大化」という実質的な目的に対する手段選択に関する合理性という関係になるだろう。

次に第二部「生産要素の結合過程」について見れば、ここにグーテンベルク経営経済学におけるもっとも強い「経営合理性」の考察が表れている。ここでは彼の「孤立的方法」によって、生産要素の投入と収益の量的関係が抽出され、そのもっとも有利な結合が議論される。明らかに、ここでは生産要素の結合の「合理的」側面のみが考察されている。即ち、彼が新古典派経済学的な数理的手法に依拠することで、結合にまつわるさまざまな非合理的要素を捨象し、いわば理想的な状況において、生産要素がどのように効率的に結合するのかを純粋理論的に考察したのである。

新古典派経済学的な手法における「合理性」を考える上で、「経済人仮説（ホモ・エコノミクス）」の仮定は重要である。「経済人仮説」では、人間は完全合理的な行動を取ることが前提とされ、実質的には人間行動に関する考察は外に置かれる。新古典派経済学はまさにそのことで、市場の分析に集中することができたのである。

新古典派経済学と異なり、人間、組織などを対象とする経営経済学において、生産要素の結合過程という合理的なプロセスを強調するグーテンベルクが、その結合過程の要諦となる「管理」を生産要素として規定した上で、その非合理性を捨象し、合理的に捉えられる「組織」や「計画」に限定したことは、市場のみを考察対象とした新古典派経済学とは異なり、人間行動や組織を考察対象に含むという経営経済学の性質、そしてその「合理性」を考える上で、いわば「ギリギリ」のラインを設定していたといえる。

ただし、彼の「生産要素の結合過程」の議論は、グーテンベルク以前の生産理論に比べ、処理的要素、即ち経営者の意思決定の介在余地があるものとなっている（吉田 一九六二、一二六頁、岡田・永田・吉田 一九八〇、一一八頁、深山 二〇一三、五九頁）。この点、彼の生産論が全くの自然法則的な過程を経るのではなく、経営者による非合理的な決定が生産に影響を及ぼす余地も残しているといえるが、いずれにしても彼の議論が経営内の経済合理性を追求しようとしている点は変わりない。

第三部「経営形態の決定要因」における「体制関連的事実」もまた、グーテンベルクの学説における「経営合理性」を考える上で非常に重要な概念である。とりわけ「営利経済原理」は、実質的に資本主義体制下の企業に「利潤最大化」という目的を設定するものであり、グーテンベルクのいう「合理性原理」に従えば、企業は「利潤最大化」という目的のもと、それに寄与する最適な「生産要素の結合過程」を構築するということがグーテンベルクの主張であると解するのが自然である。

通常、グーテンベルク学説においては、この経営類型論の主張は生産要素の結合過程の前提条件として捉えられており、これらを生産要素の結合過程との直接的な関連として捉えることはあまりない。しかし、ここでは、グーテンベルクの「経営類型論」を考える上で、「資本主義」という経済体制における企業の役割という全体経済的な観点は、現代の企業経営を考える上で非常に重要である。

というのも、グーテンベルクが意識していようといなくとも、「経済体制」とは国家の発展に寄与するためのものであり、そのために経営の「原理」たる体制無関連的事実や体制関連的事実が構成されていると考えられるからである。(4) これを踏まえると、グーテンベルクの「体制関連的事実」の背後には、「市場」が完全に機能するという前提が置かれていると想定できるだろう。なぜなら、企業が営利経済原理によって利潤最大化を目指すという「経営合理性」は、市場の調整機能により、社会全体にとっても「合理的」となるからである。この点について、グーテンベルクの高弟ホルスト・アルバッハ（Horst Albach）が、「企業倫理なしの経営経済学（Betriebswirtschaftslehre ohne Unternehmensthik!）」（Albach 2005）において、グーテンベルクの体制関連的事実と体制無関連的事実を念頭におき、経営経済学の理論展開においてすでに企業倫理的要素が含まれているため、企業倫理という下位分野を付け加える必要はないと主張したが、このような主張の背後には、ミルトン・フリードマン（Milton Friedman）の議論と同様、新古典派経済学的な「市場」が調整機構として完全に機能することが前提となる。だからこそ、企業は営利経済原理によって利潤最大化を目指すことができるのであり、そのために「経営内部の合理性」、つまり生産性を最大限に目指すことができるのである。

四　「経営合理性」から見たグーテンベルク経営経済学の学説的意義

以上、グーテンベルクの『原理』を中心として、彼の学説の「経営合理性」について検討してきた。ここでは現代の視点から、その学説的意義を検討しよう。

まず、これまで見てきたとおり、グーテンベルクの経営経済学は、基本的に、序章で示された「経済的・内発的合理性の追求」を目指す学説であると想定することができる。彼の議論は、新古典派経済学の数理的手法を利用し、経営内における生産要素の結合過程を、理論的な観点から極めて鮮やかに描き出したのである。

彼の学説の特徴は「孤立化的手法」に集約されるだろう。彼の議論は、複雑な現象である企業経営の中から「生産要素の結合」に関わる部分のみを抽出し、それ以外のものを捨象することで、理論的に優れて一貫した体系を構築したのである。彼の議論はハインリッヒ・ニックリッシュ（Heinrich Nicklisch）の経営経済学と並ぶ「一般経営経済学」の体系を作り出したという点で、ドイツ経営経済学説史上、もっとも重要な学説の一つに数えられると断言できる。

それが「経済的・内発的合理性の追求」を目指しているというのは、彼の議論は資本主義における「企業」を対象として、「営利経済原理」、即ち利潤最大化を目的とした効率的な生産プロセスを描き出している点で、まさに「経済的」側面に焦点を当てた議論であり、それは道具的あるいは成功志向、さらに目的合理的な行為の実現を目指しているといえるからである。

それがもっとも強く表れているのが「生産要素の結合過程」であるが、それをある意味で支えるといえる「生産要素の体系」と「経営形態の決定要因」についても、「経済的・内発的合理性の追求」を補強しているといえる。

というのも、まず「生産要素の体系」については、人間行動にまつわる複雑で非合理的な側面はすべて捨象されている点で、新古典派経済学における「経済人仮説」に似た議論が展開されている。もちろんグーテンベルクは、人間が非合理的な側面を持つことを強調している。しかし、それらを正面から取り上げることはなく、まさに序章で示された「意思疎通」あるいは「理解」、「価値合理性」、「合意」といった人間固有の問題は排除しており、企業経営の経済的問題に限定している。

また彼の「経営類型論」は、企業経営を取りまく環境との関連を扱っている点で、「外発的合理性」の議論につながる可能性もある。しかし、グーテンベルクの議論は基本的に外部環境を所与とし、それへの適応を目指した（経営内的）均衡論であるため、変動する外部環境に対する外発的合理性を想定しない。本章では、グーテンベルク経営経済学の背後に「市場が完全に機能する」ことを前提としているとしたが、まさに市場を与件として、その与件の変動に適合するための企業内の生産要素の結合過程を数量的に描き出したのがグーテンベルク経営経済学の特徴であるといえる。(5)

アメリカ経営管理論と異なり、ドイツ経営経済学の展開においては、ニックリッシュ、シュマーレンバッハ、そしてグーテンベルクの師の一人であるフリッツ・シュミット（Fritz Schmidt）をはじめとして、全体経済と経営経済との関連を絶えず意識した議論が展開されてきた。「一般経営経済学」という点でグーテンベルクと双璧をなすニックリッシュの議論は、全体経済と経営経済との「価値循環」を意識したものであったし、シュマーレンバッハも、「固定費」の問題が「自由経済」における円滑な企業活動を脅かすものと考え、独自の計算制度論を展開したのである。またシュミットも、第一次大戦後の激烈なインフレーションの中で、企業の財産維持を図るべく、彼独自の有機的経営観を構築し、財産実体の消耗を防ぐことをねらいとした。

特にシュミットはグーテンベルクの師の一人であり、グーテンベルクの理論への影響も少なからずあると想定されるが、しかしシュミットの理論は、ヨハン・F・シェーア（Johann F. Schär）以来の有機体的な世界観に基づき、企業は国民経済と価値のやり取りを行う存在であり、企業活動は国民経済の動き、例えば景気変動あるいはインフレーションに影響されると想定するものである。シュミットは、このような経済変動に対して企業がいかに適応するのかという問題を、財産維持、物的生産力の維持、あるいは相対的価値維持という観点から考察したのである（岡田・永田・吉田一九八〇、八二—八五頁）。よってシュミットの経営経済学から見れば、「経営合理性」とは、常に変動する経済情勢に適合すべく、まさに「相対的に」企業価値を維持する方策が、とりわけ計算制度の観点から考察されているのである。よってここでは、経済変動という「経営外的合理性」が考察されているといえる。

一方グーテンベルクは、確かに「経営類型論」において経済体制との関連で経営の原理を導き出し、その意味で企業経営の全体経済との関連を議論している。またシュミットと同様に、理論的には経済変動に対する適応を目指すのがグーテンベルク理論であり、その意味では「外発的合理性」に含められるかもしれない。しかしながら上で見てきたとおり、グーテンベルクの経営経済学は、実質的には完全に機能する市場を前提とすることで、外部環境との調整問題を考察に入れず、適応問題を企業経営内の生産性の問題に限定することができたのである。そしてそれは、利潤最大化を目的として生産性を高めることを追求するものであり、その意味で序章における「経済的・内発的合理性の追求」に属するものとされたのである。

グーテンベルク経営経済学は確かに、人間の非合理性も視野に入れ、企業環境との関係も視野に入れている点で、まさに経営の普遍原理たる「一般経営経済学」として壮大な理論体系を構築したが、しかし、「処理的要素」たる管理労働の非合理性を強調しつつも、その非合理性は理論体系の核心からは除外し、また全体経済との関係については、新古典派経済学のような完全合理性の想定によって、市場が機能することを前提として、実質的には経営内部の経済合理性の追求に考察を限定したのである。

グーテンベルクの経営経済学がこのような特質を持つ理由としていくつか考えられるが、まずは彼の方法論的な立場である、いわゆる自然科学的な「孤立化的手法」が、彼自身の学問経歴、即ち物理学や化学、そして国民経済学や哲学の研究を行っていたことと無関係ではないだろう（万仲二〇一三）。

また、シュミットやシュマーレンバッハ、ニックリッシュの時代は、まさにドイツ経済は激動期であり、インフレーションや企業の固定費問題の解決が全体経済の発展に資するものだったといえるが、グーテンベルク経営経済学は、発想としてはシュミットらと同時代から構築されていたものの、彼は時代の問題を真正面から取り上げるのではなく、それらの問題に対して、むしろ科学的な抽象思考の優位性を考え、生産性志向の純粋理論的な経営経済学を構築した。彼の経営経済学は、戦後の西ドイツ経済の高度経済成長期における企業の旺盛な生産需要に鋭くマッチすることとなり（深山二〇一七）、まさに新時代の一般経営経済学理論として、時代の寵児となったのである。

以上、本章ではドイツの経営経済学者であるグーテンベルクの学説について、「経営合理性」という観点からその特質を検討してきた。彼の学説は第二次大戦後のドイツ経営経済学を席巻し、多数のフォロワーと批判者を生み出した。また彼は多数の研究者を育て、グーテンベルク学派と呼ぶべき研究者集団を形成し、戦後から一九七〇年代にかけて、（西）ドイツ経営経済学の展開に大きな影響と足跡を残したのである。

このようなグーテンベルク経営経済学にはどのような現代的意義があるのだろうか。彼の理論は生産理論であり、生産関数の議論も、弟子のエドムント・ハイネン（Edmund Heinen）をはじめ、多数の後継者・批判者を生み出したが、しかし生産論の枠組みにおいても、グーテンベルクの時代とは企業における生産のあり方も異なっており、さらに、当時に比べ現代においては企業における製造業の位置づけも大きく変わっている。現代ではＧＡＦＡＭをはじめ、ＩＴ企業やサービス業も製造業と同様に社会的影響力は大きいのであり、グーテンベルク経営経済学が直接的に現代で活用される余地は少ないように見える。
それではグーテンベルクの経営経済学は単に「経営学（説）史」上の遺産に過ぎないのだろうか。彼の議論は、現代経営学においては久しく議論されていない「一般経営経済学」、即ち普遍的な経営学の理論体系を構築したという点で、「経営学説史」のみならず、経営学の教育体系の中で、「理論経営学」のような形でその全体像を位置づけることができるのではないだろうか。特にグーテンベルクは、「処理的要素」として経営者の位置づけを重要視している。生産や原価の問題に限らず、現代企業においても経営者の役割は変わらず重要であり、そのような「企業経営の普遍的・体系的理論」として、彼の議論は現代においても決してその意義は失われていないと考えられるのである(6)。

（柴田　明）

注

（1）グーテンベルクは一八九七年生まれで、父親の家業を継ぐべく実務での活動を志したが、後に学究生活に入ることを決め、一九二八年に教授資格論文『経営経済理論の対象としての企業』（Gutenberg 1929）を執筆した。いくつかの大学を経て、一九五一年にシュマーレンバッハの後任としてケルン大学に赴任し、六九歳になる一九六六年まで一五年間、「一般経営経済学」と「工業経営論」を担当した。そして赴任と同時に、全三巻からなる主著『経営経済学原理』の第一巻「生産編」を刊行し、戦後の（西）ドイツ経営経済学の出発点となるとともに、この著作の議論をめぐって、方法論争が巻き起こるなど、一時期の（西）ドイツ経営経済学会はグーテンベルク一色となったのであり、まさに「パラダイム」を形成したといえる。グーテンベルクの経歴については万仲（二〇一三）を参照。

（2）本章では『原理』（Gutenberg 1951）を至るところで参照しているが、詳細な参照／引用表記は省略する。また本章では、『原理』の初版と、一九七九年発行の第二三版を参照した。また、『経営経済学原理』の第二巻は「販売編」（Gutenberg 1955）、第三巻が「財務編」（Gutenberg 1969）である。「販売編」は販売政策における価格の問題を、「財務編」は企業の財務政策を論じたものだが、本章ではグーテンベルク経営経済学説について、その主要な特徴が現れていると思われる第一巻「生産編」を参照する。わが国におけるグーテンベルク経営経済学の研究は、概ねこの第一巻「生産編」をめぐるものであったといえるが、全三巻を包括的に扱った日本の研究として、例えば高橋（一九八三）がある。また、グーテンベルク学説のみならず、グーテンベルク経営経済学を受け継ぐ学説もあわせて検討したものとして、例えば平田（一九七一）、万仲（一九八三）がある。さらに、グーテンベルク経営経済学は一般に「生産性」志向の経営経済学といわれるが、彼の『原理』全三巻を貫く体系が本当に生産性かどうかを検討したものとして例えば長岡（一九八四）がある。

（3）これとは別に、グーテンベルクは「適正原理（das Angemessenheitsprinzip）」を挙げている（Gutenberg 1951, S.344ff., 翻訳書、三五九頁以下）。これは、例えば「適正利潤」の追求といった形で現れるものであり、資本主義体制下でも公企業が無制限の利益を追求せず、社会的厚生が高まるような形で経営が遂行されることに典型的な原理である。社会主義体制においてもそれは同様である。

（4）深山（二〇一七）は、グーテンベルクが「個別経済の成長による全体経済の成長」を目指しており、よって彼の学説は「企業成長のための生産要素論および生産要素結合論という理論的性格」を持つとしている（一八六—一八九頁）。

（5）万仲（二〇一三）によれば、グーテンベルクは自らの研究を構築する上で、ヨーゼフ・A・シュンペーター（Joseph A. Schumpeter）の議論を参考にしているという。ただしグーテンベルクは、シュンペーターの理論が静態的である点を問題視し、「…絶えず変化する与件に適応するという均衡化への連続した過程としてとらえる」（万仲 二〇一三、一二頁）べく、「企業の内外において絶えず生じる与件変動に対する適応ないし反応としての経営内的均衡化を企業の諸変数間の関係の変動の過程として動態的に捉えることが意図されている」（同上、一二—一三頁）。

（6）経済倫理・企業倫理研究者のインゴ・ピーズ（Ingo Pies）は、「モラル」が企業の生産要素になり得るとしている（Vgl. Pies 2009）。現代企業を考える上で、グーテンベルク経営経済学をベースとして、この「モラル」のように、どのような生産要素がどのように結合しているのかを発展的に考えることも、グーテンベルク経営経済学の間接的な現代的意義といえるのではないだろうか。

第二部　内発的・社会的合理性の追求

第四章　行動科学と経営合理性

本章では、内発的・社会的合理性という観点から既存の経営学理論を検討する。序章において説明されている通り、内発的合理性とは組織内部に注目し、経営合理性を高めていく視点である。一方、社会的合理性（価値合理性）は集団間のコミュニケーション的対話によって、参加者が受け入れることのできる社会規範の確立を促していくという意味での合理性である。したがって、社会的合理性について検討するにあたっては、コミュニケーションによって組織メンバーの心的プロセスがどのようにもたらされ、その結果として受容可能な社会規範が形成されていくのかについて考える必要がある。

経営学の歴史において、組織内部の要因としての組織メンバーと、彼らの心理的側面への注目がなされたのは行動科学的な研究アプローチが用いられたことが主要因としてあげられる。そこで本章でははじめに、行動科学的なアプローチとはどのようなアプローチであるか、またその嚆矢としてのホーソン研究および人間関係論について概観する。そしてその次に、行動科学的な研究の代表的研究群としてモチベーション論とリーダーシップ論を取り上げ、内発的・社会的合理性の確保という課題にいかに取り組んできたのかを検討する。

一　行動科学アプローチとその特徴

行動科学とはどのようなアプローチだろうか。権（一九七一）によると行動科学的アプローチは、「組織における人間行動を心理学、社会学、文化人類学およびその他の人間行動を扱う諸学問の概念や方法の集合によって解明しようとする研究の方法ないし仕方の総称」（権　一九七一、三—四頁）と定義される。その特徴としては、「協業の場に目を向け、そこにおける人間相互間の複雑な関係を観察、調査、実験などによって分析し、それにもとづいて、管理職能やそれの遂行にとって有用な理論的知識および技術的方法を体系化しようとする」（権　一九七一、七頁）点にある。また、岡本（一九七一）は、研究対象と研究方法・研究目的という観点から行動科学アプローチの特徴を、研究対象が人間行動であること、研究方法として非個人的で客観的な集められた経験的証拠によって支持された人間行動に関する一般原則を樹立することであるとしている。

経営学において行動科学アプローチの先鞭となったのが、ホーソン研究とその結果として誕生した人間関係論である。ホーソン研究（Hawthorne studies）を契機として、行動科学は、科学方法論レベルにおいて新たな問題提起をしていること、そして新しい科学分野—問題領域の提起と既存の科学分野の再構成を志向していることの二点において注目を集めた（岡本 一九七二）。次節では、このホーソン研究と人間関係論についてその内容と学説的意義について確認する。

二　ホーソン研究と人間関係論の展開

ホーソン研究は、ハーバード大学の産業調査部のエルトン・メイヨー（Elton Mayo）とフリッツ・レスリスバーガー（Fritz J. Roethlisberger）によって主導された一連の研究であり、米国の電機機器製造企業のウェスタンエレクトリック社のホーソン工場において、一九二四から三二年にかけて行われた。その中で特に代表的なものは人間関係論的効果が発見された継電器組み立て実験、人間関係理論が形成された面接調査、非公式集団の存在が発見されたバンク配線作業観察実験の三つの実験・調査である（竹林 二〇一三）。

継電器組み立て実験

継電器組み立て実験はもともと、労働環境と生産性の関係性を明らかにすることを企図していた。そこでホーソン工場で働く六名の女性従業員が選抜され、休憩時間や労働時間、昼食・間食の会社支給などの条件を変えて、彼女たちの継電器組み立て作業が観察された。

観察の結果、これらの条件の変更により成果は上昇したり下降したりしたが、全体としての傾向はかつてなかったほどの多大な成果を上げていた（Wren 1994）。つまり、労働条件と生産性の関係性は解明できず、当初の研究目的に照らすと継電器組み立て実験は失敗に終わったのである。

ターナーは成果上昇の要因を複数挙げているが、特異な点としては実験の物珍しさや、実験室のオペレーターに対して寄せられた会社当局や調査者たちからの注目であると結論づけた（Wren 1994）。つまり、生産性に影響を与えていたのは、物的な作業条件ではなく、生産者たちの心的な要因だったのである。こうした効果はのちに「ホーソン効果（Hawthorne effect）」と呼ばれた。

面接調査

当時のホーソン工場では現場監督者育成のための取り組みが行われていたが、それらは根拠となるデータに乏しかった。そこで現場従業員の意見を聴取するために面接調査が行われた（大橋 二〇〇八、五四頁）。当初の面接方法は、監督、作業条件、職務について「はい」、もしくは「いいえ」で回答するものであったが（大橋 二〇〇八、五五―五六頁）、期待した成果が得られなかったため、非指示的面接技法が採用された。この技法は、より日常会話的な方法で、面接官が従業員に対して心を開き、関心を持ち話に耳を傾けることで従業員により自由に意見を話してもらう方法である（大橋 二〇〇八、Wren 1994）。

面接調査を進める中で、従業員の不満や権威への反抗心、会社に対する敵意は概ね、事実と照らして見当違いであり、不満はその人物が置かれた社会的状況やそこで起こる感情的な要素に起因していることが明らかになった（大橋 二〇〇八、Wren 1994）。そしてこうした従業員の不満や権威への反抗心は、非指示的面接によって解消されることとなった。面接の中で労働者は彼らの感じていることを自由に表現し、面接官は辛抱強く友好的に聴き、理解しようとした（大橋 二〇〇八、Wren 1994）。鬱憤を晴らす機会が与えられたことによって、労働者は追加のインタビューで賃金や労働条件が、実際には変化していないにもかかわらず、改善されたと回答した（Wren 1994）。

この面接計画では、従業員の不満、権威への反抗心、会社に対する敵意は感情的な要因に起因し、監督者の関わり合いによってそれらを解消できることが明らかになった。この事実を受け、ホーソン工場では監督者は人間志向的になり（Wren 1994）、カウンセリング活動が行われた（大橋 二〇〇八）。

バンク配線作業観察実験

バンク配線作業観察実験では、配線、ハンダ付け、検査の三工程からなるバンク配線作業の観察が行われた。配線作業は、一四名の作業員を三つの作業集団に分割し、観察に際しては、これまでの実験の結果を踏まえ、作業員の人間関係に注目して観察をした。観察では、公式的に分割された三つの集団（フォーマル・グループ）とは別に、二つの非公式な社会集団が観察された。この二つの非公式集団（インフォーマル・グループ）は、作業員の感情的な要因により自然発生的に形成されており、ある人物は言語障害がある、またある人物は会社の方針に背く行為を上司に密告したなどといった感情的な理由によってどの非公式集団からも排除されていた。

さらにこうした非公式集団は作業能率にも影響を与えていた。これらの非公式集団は、高すぎる成果を出し、賃率が下落したり要求水準が増加することや、低すぎる成果を出し監督者を激怒させることを防ぐために生産の抑制を自分たちで計画したり、生産が少なかった日には事前に隠しておいた余剰分をその日の生産物として報告したりしていた（Wren 1994）。加えて、こうした方針に背いた従業員には軽い暴力や皮肉・中傷を与えるなど集団に同調させる手段を用いていた。このように、バンク配線作業観察実験では、組織内に存在する非公式集団が、生産性にも影響を及ぼすことが明らかになった。

ホーソン研究の学説史的意義

ホーソン研究の重要な意義の一つは、古典派経済学の前提である経済人モデルを否定し、感情、態度、欲求など人間の内的・心理的要因を組織の人間行動の説明の中心に据えた点である（権一九七一、七―八頁）。人間は社会的存在であり、人間行動が社会的な影響を受けていることを強調する視点からホーソン研究の人間観は「社会人（a social man）」と呼ばれることになった。このことはホーソン研究が行動科学的アプローチを採用した研究の起源であるとされる理由でもある（権

一九七一、七—八頁)。

加えて、実践的には、ホーソン研究の結果は管理者に求められるマネジメント・スキルを明確にした点に貢献がある。つまり、技術的技能に加えて人間行動を理解する診断技能、また、助言、動機づけ、指導、労働者とのコミュニケーションという対人的技能が必要となることをホーソン研究は示したのである(Wren 1994, 翻訳書、二七四頁)。

行動科学や人間関係論はのちに人間の心的側面に注目し、組織のマネジメントを検討する組織行動論という経営学における主要な分野へと発展していった(吉原 二〇一三、Wren 1994)。組織行動論における主要な分野にモチベーション研究やリーダーシップ研究がある。本章では内発的・社会的合理性の観点からモチベーション論とリーダーシップ理論について検討する。

三　モチベーション論と内発的・社会的合理性

モチベーションは組織メンバーの生産性や離転職率に大きく影響する、組織にとって重要で我々一人ひとりにとっても身近な問題である。モチベーションとは、「個人の内側と外側の両方から発生する一連の活気に満ちた力であり、仕事に関する行動を開始し、その形、方向、強さ、持続時間を決定するもの」(Pinder 1984, p. 8) と定義される。モチベーション研究は古くは、モチベーションの要因を特定する研究が行われてきたが、一九六〇年代以降はより人間の認知や心理的プロセスに焦点を当てた研究が行われるようになっている。ここでは内発的・社会的合理性を追求するこうした研究の代表的な例として衡平性理論、期待理論、目標設定理論を挙げる。

衡平性理論

ステイシー・アダムス（Stacy J. Adams）は認知的不協和理論（Festinger 1957）などを背景に、個人が感じる衡平感・不衡平感がモチベーションに影響することを主張した。人は自分のインプットにおける結果の割合を他者あるいは他集団のそれと比較し、衡平・不衡平を判断する。インプットとは、結果を得るために投入した時間や労力、忠誠心などであり、結果は給料やボーナス、他者からの評価、キャリア上の成功などが例として挙げられる。

人は不衡平感を感じると、それを解消するための行動を起こす。自分が不当に低い結果しか受け取っていないと感じた場合、自分のインプットを減らす、他者のインプットを増やそうとする、自分の結果を増やそうとする、他者の結果を減らそうとする、自分のインプットや他者の結果を認知的に歪ませる、欠勤・離職するといった行動を起こすことが報告されている（Adams 1963, pp. 427–429）。

衡平性理論（equity theory）の重要な点は「検討すべきは自分と他者のインプットと結果に対するその人物の認識であり、必ずしも実際のインプットと結果ではない」（Adams 1963, p. 424）ことと、この主観的認識は歴史的、文化的なものに影響を受ける（Adams 1963, p. 425）点である。つまり、モチベーションを検討する際、その人物が現状をいかに認知しているのかを理解することが必要になり、実務においても従業員の認知的な側面に配慮しながら不衡平感をなくしていく取り組みが必要になることを示唆している。

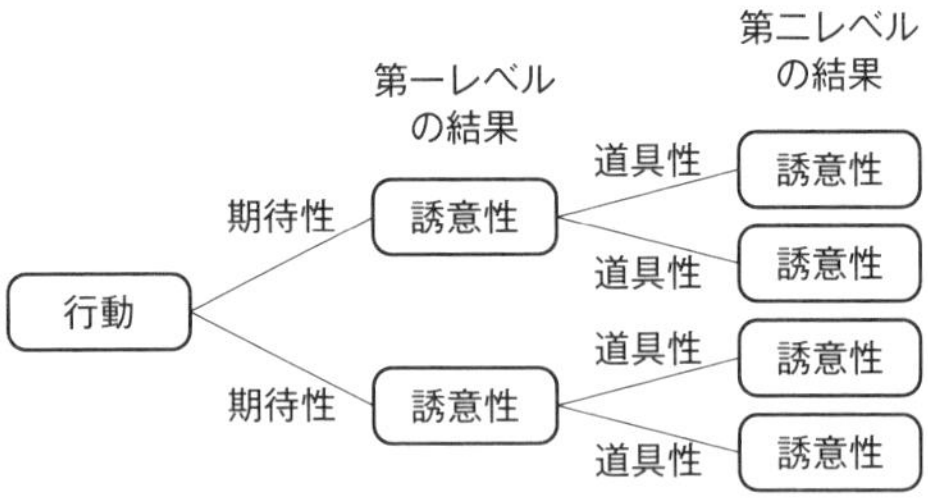

出所：Mitchell (1974), p. 1055 より筆者作成。

図表 4-1　期待理論

期待理論

組織成員の心理的プロセスにより注目したのが期待理論である（Vroom 1964）。この理論は、期待性、道具性、誘意性の積によってモチベーションが決まると考える。期待性は「行動が関心のある結果につながる確率に関する信念」、道具性は「結果が他の結果の達成につながるとその人物がみなしている度合い」、誘意性は「その結果に対するポジティブまたはネガティブな感情の強さ」（Mitchell 1974, pp. 1053–1054）を意味する。これら三つの概念の関係性は図表4—1に示されている。

期待理論のポイントは、モチベーションはその人物の認知によって決まるという点である。誘意性の高低は結果に対する個人の主観的な認知によって判断され、道具性や期待性に関しても結果と他の結果や、行動と結果のつながりに関してその人物がいかに認知するかによって決まる。したがってマネジメント上の課題は、管理者がコミュニケーションなどを通して組織メンバーの期待性、道具性、誘意性を高めることであり、この観点からリーダーシップについて検討するパス・ゴール理論という議論も存在する。

目標設定理論

モチベーション研究において最も研究蓄積がある理論の一つが目標設定理論（Locke and Latham 1990）である。この理論によると、目標提示が効率的な行動を生み出す主要因であり、高い価値を持つ具体的で困難な目標を設定し、目標達成につながる行動を理解し、それらの行動を行う能力があると感じるとき、パフォーマンスは最大化される（Gagne and Deci 2005, p. 341）。

目標設定理論では、一・その目標を従業員が受け入れている場合は簡単な目標よりも困難で高い目標がモチベーションを向上させること、二・具体的な目標であること（例えば、六カ月以内に離職率を二〇％下げるなど）がモチベーションを向上させることが明らかになっている（Pinder 1984, p. 160）。

目標達成理論の研究では「目標管理（Management by Objectives：以下ＭＢＯと略称）」によって目標へのコミットメントを引き出せるとするものも存在する（e.g. McConkie 1979）。ＭＢＯとは「上司と部下が相互に合意した目標や目的を追求することで、組織の目的を診断し、達成するための管理プロセスであり、この目標や目的は、具体的で、測定可能で、時間的な制約があり、行動計画に結びついている」(McConkie 1979, p. 37)と定義される手法である。即ち、上司は部下に対して目標を提示するとともにそれを受け入れるようにコミュニケーションをとり、目標達成のための行動計画を立て、一定期間ごとに達成度合いを確認する(Pinder 1984, pp. 172-173)。このように、上司が一方的に目標を与えるのではなく、部下とコミュニケーションをとりながら目標を設定し実現可能な行動計画を立てたりすることにより部下はその目標を受け入れ、目標に対してより強くコミットするということが議論されている。

モチベーション論と内発的・社会的合理性

このように、モチベーションは心的プロセスの結果として現れる。したがって組織の管理者は、組織メンバーに衡平感を与えるような制度・施策を作り、コミュニケーションや目標達成のための道筋を示すことによって誘意性、道具性、期待性を向上させ、その目標を達成する意義についてメンバーに伝えることが肝要となる。例えばリーダーシップ論では、期待理論や目標設定理論を踏まえてパス・ゴール理論が提唱されている(House 1971)。この理論はモチベーション・マネジメントの側面に注目しており、誘意性の高いゴール(目標)を設定し、目標達成のための具体的なパス(経路)を示すことによって部下のモチベーションを向上させることが可能になるということを主張している。このように、モチベーション研究は内発的・社会的合理性を追求する分野として理解することができる。

四　リーダーシップ論と内発的・社会的合理性

先述の通り、人間関係論の発見事実はリーダーシップ研究にも影響を与えている。ここでは、内発的・社会的合理性という観点からリーダーシップ研究を検討する。古典的なリーダーシップ研究においても人間関係論の影響は見られ、行動アプローチ（e.g. Blake and Mouton 1964）やコンティンジェンシー・アプローチ（e.g. Fiedler 1967; Hersery, Blanchard and Johnson 1996）では、リーダーシップスタイルを分類する上で、リーダーの目標・成果達成機能と同時に、集団維持機能が分類軸として用いられている。つまり、リーダーの担う機能として、目標達成機能と並んで、フォロワー個人の心的な側面やフォロワー集団の社会的側面に注目しつつ、そのマネジメントを行うのもリーダーの重要な役割であると捉えていたのである。

しかし、これらの研究は人間関係論の影響を受けてはいるものの、フォロワーの心的なプロセスにそれほど強い関心を払ってきたわけではない。フォロワーの心的なプロセスを本格的に解明しようとしたのは一九八〇年代以降である。ここでは、フォロワーの認知に注目した代表的な理論であるカリスマ的リーダーシップ論を紹介し、リーダーシップ研究においてフォロワーの心的プロセスがいかに検討されてきたかを説明する。

カリスマ的リーダーシップ

カリスマ的リーダーシップ論はカリスマ、即ち個人的・非日常的な天与の資質（Weber 1956）を持つ卓越したリーダーやその人物に惹かれるフォロワーの心的プロセスに注目する理論である。カリスマ的リーダーは、象徴的な行動、ビジョンやインスピレーションを与えるメッセージ、イデオロギー的な価値観への訴求、リーダーによるフォロワーへの知的刺激、自己とフォロワーへの自信の表明、フォロワーの自己犠牲や職務を超えたパフォーマンスへのリーダーの期待などを通して、フォロワーのニーズ、価値観、願望を集団に利する方向に変化させたり、ミッションへの強いコミットメントや義務以上のパフォーマンスを引き出したりする（Shamir, House and Arthur 1993, p. 557）。

カリスマ的リーダーシップ研究は、リーダーの行動や資質にのみでなく、フォロワーとの相互作用の中でフォロワーの認知がどのように形成されるかについても検討している。ボアス・シャミール（Boas Shamir）、ロバート・ハウス（Robert J. House）、マイケル・アーサー（Michael B. Arthur）は、従来の研究が、フォロワーの変容プロセスについて説明が不十分であることを指摘し、フォロワーはリーダーとの相互作用を通して彼らの自己概念を変化させていくことを主張した。リーダーの行動がフォロワーの自己概念を活性化し、それがさらにフォロワーの行動や心理状態に強い影響を与えることを指摘した（Shamir, House and Arthur 1993）。

また、ジェーン・ハウエル（Jane M. Howell）とシャミールはカリスマ的リーダーシップ・プロセスにおけるフォロワーの役割に注目した（Howell and Shamir 2005）。従来の研究は、リーダーの資質や行動に注目してきたが、彼らはリーダーシップのプロセスにおいてフォロワーも重要な役割を担っていると考え、フォロワーに焦点を当てた。先行研究では、カリスマ的リーダーとフォロワーの関係には二種類存在することが指摘されている。個人化されたカリスマ的関係は、カリスマはリーダー個人の資質によって生じ、傾向としてリーダーは支配的で自己の利益に焦点があり、権威主義的である。他方で、社会化されたカリスマ的関係は、カリスマはフォロワーの承認によって生じ、リーダーは利他的で集団の利益に焦点があり、権限を委譲する傾向にある（Bass and Bass 2008, p. 578）。ハウエルとシャミール（Howell and Shamir 2005）によると個人化された関係においては、リーダーに対するフォロワーの支持や賞賛は、リーダーの個人的権力への欲求や全能感を助長し、過度な権力化を招き、倫理的な問題も引き起こしかねない。一方、社会化された関係においてはフォロワーによる偶像化や無批判の服従は含まれないため、フォロワーがリーダーを受け入れ、支持することはフォロワーの独立した判断力の発揮につながる。こうしたことから、リーダーは権力の行使を抑制し、倫理的基準の中で目標を追求することがフォロワーのエンパワーメントにつながると主張した（Howell and Shamir 2005）。彼女らの議論は、カリスマ的リーダーシップがもたらす事柄について、フォロワーはリーダーに劣らないくらいの影響があり、例えばカリスマ的リーダーによって引き起こされる倫理的問題についても責任の一端を担うことも示唆されている。

リーダーシップ論と内発的・社会的合理性

このようにリーダーシップ論においてはフォロワーの心理的プロセスに注目して、リーダーシップという現象がいかに構成されるかが検討されてきた。紙幅の都合により紹介できなかったが、一九九〇年代以降、人々の相互作用における言語やコミュニケーションの役割に特に注目して組織現象を説明する組織ディスコース研究の知見を援用した研究も多く見られるようになっている（e.g. Fairhurst and Grant 2010; Fairhurst and Uhl-Bien 2012）。これらの研究では言語やコミュニケーションが組織におけるリーダーシップに関連する現象をいかに構築していくのかが検討されている。

（伊藤　真一）

第五章　人的資源管理論と経営合理性

経営体において、その構成をなす人間を重要な資源と見なし、効率的に管理し、経営体の全体最適を目指すことは、経営学の黎明期からの関心事であった。この関心事の肝要は、管理対象が人間であるという点に集約される。人間は自由意思や感情を持ち、環境から一方的に影響を受けるばかりでなく、環境に働きかける力を持つ。人間は客観的な条件だけでなく、もっと抽象的、主観的、あるいは精神的な条件によってパフォーマンスを変化させうる。それゆえに人的資源管理論は、人間という組織内部の資源に着目しているという点で内発的合理性を前提とし、かつ、人間の心的なプロセスや社会規範に注目しているという点で社会的合理性を前提として発展してきた分野である。

本章では、人的資源管理を四つの段階に分け、各段階における管理あるいは理論と経営内的・社会的合理性との関連について論じる。第一の段階は人事管理であり、第二の段階は人的資源管理の段階である。人的資源管理（Human Resource Management）という用語が市民権を得たのは一九八〇年代に入ってからのことであり、それ以前は人事管理（Personnel Management）という用語が一般的であった（Strauss 2001; 岡田 二〇〇八）。まずここから伝統的な人事管理と比較的新しい分野としての人的資源管理という二つの段階が設定される。第三の段階は戦略的人的資源管理の段階である。一九八〇年代後半になると人的資源管理は経営戦略との結びつきが強調され、戦略的人的資源管理の重要性が注目されるようになる。そして、最後に「これからの人的資源管理」の段階について論じたい。これら四段階は、すべて同様に人間という経営資源の管理について議論してきたが、期待される機能や重視される着目点などが異なる。本章では、以上の四段階における人的資源管理論と内発的・社会的合理性の関係について検討する。

一　労務管理・人事管理と経営合理性

ハワード・ゴスペル（Howard Gospel）は人的資源管理の歴史を第一次産業革命にまで遡ってそのルーツを解明している。第一次産業革命期において人的資源管理のルーツとなったのは労務管理（Labor Management）と呼ばれる分野であった（Gospel 2019, p. 7）。第一次産業革命は蒸気機関の発明により、主に織物産業と鉄道産業の二つの分野を中心に一八世紀終わりから一九世紀の終わりにかけて起こった。経営史家のダニエル・A・レン（Daniel A. Wren）は、第一次産業革命によって家内工業制度と職業別ギルドという二つの生産方法が工場制度に置き換わったと指摘する。発足したばかりの初期の工場制度には、採用・教育訓練・モチベーションの三つの側面からなる労働問題が発生していた。

「空想的社会主義者」として有名なロバート・オーエンこそが、メイヨーやレスリスバーガーといった人間関係論者に先立って、企業の人的資源の人的要素に関心を持っていた人物であったとレンは指摘する。オーエンはレンをして産業革命期にあって成功した企業家でありながら、産業主義とその悪弊の躍進の阻止を試みた「産業における人的要素について最初の種を播いた」(Wren 1994, 翻訳書、六四頁)と評価せしめる人物であった。オーエンは一八歳にマンチェスターに綿糸紡績工場を起こし企業家として成功した。彼は自分の工場において家内工業制度と職業別ギルドの時代から引き継いだ児童労働の問題に挑んだ。彼もまた児童労働者を雇用し続けてはいたが、彼らの生活水準や労働条件の改善に努めた。彼は工場の機械の改良や、コストの見直しと同等か、それ以上に人的資源に対して関心を持ち投資すべきであると主張した。結局、オーエンは途中から政治家、労働組合の指導者として活動することになるが、企業家として持っていた思想をもって社会改革を進めることには失敗する。

人的資源管理の明示的な最初のルーツは、一九世紀末における第二次産業革命とそれに伴う大規模な近代的企業の成立であろうとブルース・E・カウフマン(Bruce E. Kaufman)は主張する。この潮流は当時イングランド、フランス、ドイツ、そしてアメリカで顕著になり、約十年おくれて日本でも見られるようになった。本来、人的資源の管理のための公式的かつ専門的な部門、あるいはスタッフは必要とされず、当該機能は企業の所有者や工場長によって実行されるか、場長や内部請負人によって代行されていた。しかし、大規模な近代的企業では数千人という単位での人的資源の管理、つまり採用、教育訓練、報酬、契約といった一連の機能を従来の部署やスタッフが担当することは困難になってきた。そこで、人的資源を管理する公式的かつ専門的な部署が設立されるようになり、人事管理（Personnel Management）が本格的にスタートすることとなる。

レンによれば、人事管理の分野は「企業内福祉」あるいは「産業改善」としての人事活動という概念と科学的管理からもたらされる二重の遺産を遺した（Wren 1994, 翻訳書、一七四頁）。近代的な人事管理部門は、企業内福利厚生のために確立された。一八九〇年代にはすでにいくつかの企業では、食堂、医療、レクリエーション、図書館、社報や社宅といったさまざまなアメニティが労働者に提供されていた。たいてい、これらを提供するために「ウェルフェア・セクレタリー」と呼ばれる新たな役職が設けられ、女性やソーシャルワークに従事した経験を持つ者がこれに任命された。一九世紀においてはドイツの企業が福利厚生のパイオニアであったが、他の工業国の企業もこれに追随した（Kaufman 2007, p. 20）。企業内福利厚生の目的は労使関係の改善にあり、勤務時間内外における労働者の生活の改善、ひいては産業の改善であった。企業内福利厚生は、先述した事物を労働者に提供するだけでなく、労働者の苦情を聴取し処理したり、不満を持つ労働者の配置転換を行ったり、未婚女性従業員への品行上の指導を行ったりもしていた。人事管理を通して、労働者のための福利厚生への関心を高め、工場の条件を改善させるという目的があった。またそれだけでなく、当時、管理的地位を獲得することが困難で、結果として企業の政策に影響を及ぼすことが比較的困難であった女性に、その機会を与えたことも人事管理の一側面であったといえる（Wren 1994, 翻訳書、一七六頁）。

同時に一九世紀終わりから二〇世紀初頭にかけてアメリカの企業および経営学を席巻した科学的管

理法もまた人事管理に対して大きな影響力を与えた。科学的管理法によって、企業内福利厚生とはまた異なる人的資源管理の機能、即ち、雇用や教育訓練の機能がラインから専門スタッフへと移管された。人事管理は科学的管理法の範疇となり、標準化や改善に関心が持たれるようになった。

以上に見てきたように、人事管理論は半ばは企業内福利厚生のための人事管理として、半ばは科学的管理法を用いた人事管理として論じられた。最初の体系的な人事管理論はオードウェイ・ティード（Ordway Tead）とヘンリー・C・メトカーフ（Henry C. Metcalf）の一九二〇年の著作 *Personnel Administration: its Principles and Practice* であった。ティードとメトカーフは人事管理を「最小限の努力・対立と労働者の真の福祉への適切な考慮によって、必要最大限の生産を確保するために、その組織の人間的諸関係を指揮・調整すること」（Tead and Metcalf 1920, p. 2, 翻訳書、一八二頁）と定義している。この定義には、企業内福利厚生の理念即ち労働者の人間的側面の重視と科学的管理の理念の両方が取り入れられている。レンは、企業内福利厚生の運動は労働者の人的要素を強調していた一方で、企業の成長にとって不可欠な科学的厳密性と専門家主義が欠如していたと主張する。他方で、科学的管理法はその後、産業心理学と結びつき、企業内福利厚生と結びつくことによって現代の人事管理の道へとつながった（Wren 1994, 翻訳書、一八〇頁）。また岡田も特にティードとメトカーフの研究に触れ、人事管理研究は科学的管理法の「科学」の不十分さと人間的側面への配慮の欠如という批判を端緒とし、労働者を人間的存在と捉え、企業の生産能率向上と労使対立緩和を目指したと評している（岡田 二〇〇八、一九二頁）。

人事管理は確かに組織内的・社会的合理性の追求の理論であったということは、人事管理のルーツの一つである企業内福利厚生の運動を見れば明らかである。しかし、人事管理は科学的管理法とも深く結びつき、経済的合理性をも所与としている。レンは科学的管理法と結びついた人事管理において、「企業内福利厚生主義は死滅しなかったが、その後数年間もっと控えめな形で存続した」(Wren 1994, 翻訳書、一八〇頁) と主張する。同様に藻利は、ティードとメトカーフについて、小学児童を産業につけるための教育を企てたり、個々の経営内における労働者の能率的配置の問題を取り上げたりしているに過ぎず、見逃すことはできないと主張する (藻利 一九六六、一五四頁)。藻利は科学的管理の労働者を物的化、非人間化する「必然の悪」と、労働者を過剰に集めながら解雇を結果する危険性のある「可能の悪」は労働者のモチベーションを低下させるとしたうえで、人事管理はこれらの「悪」に対処できないと評価する (藻利 一九六六、三頁)。第一次産業革命の際にオーエンが企てたように、また第二次産業革命の際の企業内福利厚生の理念がそうであったように、労務管理・人事管理には確かに組織内・社会的合理性を追求しようという流れが存在した。しかし、それは組織内・経済的合理性を所与とし、それを追求することによって起こりうる弊害を排除するには至らなかった。

二　人的資源管理論における経営合理性

人事管理論はその後、経営学において行動科学アプローチの先鞭をつけたメイヨーやレスリスバーガーを代表とする人間関係学派、そしてそこから発展した組織行動論や組織行動論から分岐した組織開発といった諸分野と結びつく形で、人的資源管理論へと移行していった。人的資源管理（Human Resource Management）という言葉は、一九五〇年代に現れ、一部の研究で用いられ始めた。その後、一五から二〇年は人事労務と人的資源管理という言葉が、相互変換可能な形で広く共存していた。共存期においては、人的資源管理という言葉の方が、人間を管理するという機能についての最新の用語やコンセプトという感覚であった。ところが、一九八〇年代に入ると、人事管理と人的資源管理は同じ現象を表わす異なるラベルに過ぎないのか、はたまた、人事管理と人的資源管理はそもそも異なる概念なのかといった論争が起こるようになった（Kaufman 2007, p. 34）。

ゴスペルは、人的資源管理の発展の背景として、第三次産業革命を挙げている。一九七〇年代後半にはサービス業が台頭してきた。アメリカやイギリスでは大企業は成長の手段として他企業の買収合併という手段を使うようになり、企業は新たな業態を取り入れ多角化し事業部制組織を導入するようになった。他方で、労働者の性質も変化し、多様化していった。情報通信技術の発展が労働にも影響を与えるようになった。もはや、先進国では企業は少品種大量生産大量消費の社会を支える存在ではなく、より多品種少量生産少量消費を実現できるようなフレキシブルな生産システムを構築し、サービスを向上させる必要が出てきた。労働者からの要求も多様化し、労働システム自体もフレキシブルに対応できるものである必要が生じた。特に欧米を中心に、外部労働市場を利用する機会も増えていった。このような社会的背景から、従来の人事管理では労働者を管理することができず、新しいコンセプトである人的資源管理が拡大することとなったとゴスペルは指摘する（Gospel 2019, pp. 12–14）。

ジョン・ブラットン（John Bratton）とジェフリー・ゴールド（Jeffrey Gold）は、伝統的な人事管理と人的資源管理は異なっており、単なる用語法上の問題にはとどまらないと指摘する（Bratton and Gold 2003）。ブラットンとゴールドは人事管理と人的資源管理の違いを五つに要約している。第一に人的資源管理は人事管理に比べると理論上は戦略計画と強く結びついている。第二に人的資源管理においては「心理的契約」が、人事管理においては法的契約が重視される。第三に、人的資源管理は職場での「学習」の重要性が強調されている。第四に、人的資源管理においては労働者「個人」に、人事管理においては労働組合や従業員全体、経営陣といった「集団」に焦点が当てられている。最後に人的資源管理は能動的な管理活動として概念化されている。以上の諸相違から、彼らは、人的資源管理を「従業員コミットメントと組織パフォーマンスをより高次元で獲得することを目指す一連の人事関連諸施策・活動から構成されているもの」（Bratton and Gold 2003, 翻訳書、四四頁）と定義している。

人的資源管理には心理的契約や学習、コミットメントといった用語が並ぶ。ここに行動科学アプローチの影響を見ることができるが、その分析方法もまた同様である。例えば、デイビッド・E・ゲスト（David E. Guest）は、人的資源管理を戦略・施策・成果に要素分解し、それらの関連性を明らかにすべきであるとした。さらに人的資源管理の諸要素を、組織行動上の成果と労働者個人のパフォーマンスの成果そして、財務上の成果に結びつけ、それらの関連性を理論と実証の両側面から明らかにしていく必要性を訴えている（Guest 1997）。このように行動科学アプローチを用いた人的資源の管理論は、人的資源の成果および組織の成果を設定し、それに関連する人的資源管理の諸施策を要素分解し、それぞれの要素の関連性を明らかにすることに重点が置かれている。従業員の組織への高いコミットメントを引き出すことが人的資源管理の成果であり、それが組織の成果に結びついていく。そういった前提のもと、より高いコミットメントを引き出すことのできる人的資源管理の施策や要素は一体何か、を模索することが人的資源管理論に課せられた使命となったのである。

人的資源管理あるいは人的資源管理の諸施策は、組織内部・社会的合理性を追求していたといえるだろうか。レンは人事管理を、「科学的管理の時代」に分類する一方で、人間関係論を嚆矢とする行動科学アプローチの時代を「社会人の時代」に分類している。行動科学アプローチを援用する形で発展してきた人的資源管理論もこの社会人の時代に対応している。科学的管理の時代において前提とされる人間は合理的経済人モデルであり、その時代における人事管理の特徴は経済的利得を最大化するために従業員のパフォーマンスを最大化することにあるといえる、他方で、社会人モデルを前提とする人的資源管理論は集団への帰属意識や良好な人間関係をインセンティブとして従業員のパフォーマンスを引き出すことを志向している。その意味において、人的資源管理論は人事管理に比べれば、より組織内的・社会的合理性を追求していたと評価できる。

しかしながら、集団の帰属意識や良好な人間関係は、本当に従業員の人的要素への配慮と考えることは妥当であろうか。例えば、バーバラ・タウンレイ（Barbara Townley）は、フーコーを引用しながら、人的資源管理の知見は従業員の人的要素への配慮ではなく、むしろパフォーマンスの最大化という成果を達成するための統制・統治を補強するシステムとなっていると指摘する。その意味において、人的資源管理論が社会的合理性を達成したということもまた難しいということになろう。

三　経済的合理性追求を深めた戦略的人的資源管理論

人的資源管理においても、その特徴として組織の戦略計画との密接な関連は指摘されていたが、人的資源管理の戦略的側面を明示化し、焦点化したのが戦略的人的資源管理（Strategic Human Resource Management: SHRM）である。人的資源管理が組織の成果との関連を重視するようになるにつれ、人的資源管理も経営組織のオープンシステム観の影響からは逃れられなくなった。つまり人的資源管理においても、経営組織の外部環境への適応、いわゆるコンティンジェンシー理論が前提とされるようになった。経営組織は外部環境に翻弄され、淘汰されないように外部環境を分析し、戦略を練る必要がある。実際、一九八〇年代には経営戦略論がブームとなり、企業は自らが持つ経営資源を最大限活用し、外部環境に適応し、対応することが求められるようになった。この段階になって、人的資源管理の諸施策もまた、組織の戦略との一貫性がより一層重視されるようになった。

パトリック・M・ライト（Patrick M. Wright）とゲリー・C・マクマーハン（Gery C. McMahan）

は、戦略的人的資源管理を「組織が目標を達成することができるように意図された計画的な人的資源の配置や活動のパターン」（Wright and McMahan 1992, p. 298）と定義する。この定義は、伝統的な人的資源管理とは異なる二つの重要な次元を強調したものである。第一に、垂直的な意味で、人的資源管理の施策を組織の戦略的管理プロセスと関連づけることであり、第二に、水平的な意味で、さまざまな人的資源管理の諸施策間の調整や一貫性を強調することである（Wright and McMahan 1992, p. 298）。戦略的人的資源管理は、人的資源管理を組織の戦略の下に位置づけ、戦略との整合性と同時に、複数ある人的資源管理の諸施策同士の一貫性にも焦点を当てるのである。

戦略的人的資源管理は二つの意味で実務界と学界に関心を起こさせたとブラットンとゴールドは指摘する。有効な経営戦略が経営体の成長と成功を導くとして、その経営体を運営しているのは人間である。その人間の効率的な管理が競争優位の源泉に直結するがゆえに、人的資源管理の機能が経営戦略上重要な役割を果たすことになるというのが戦略的人事管理の前提であったといえる。そこには、第一に戦略的人的資源管理は企業にとって「合理的選択」になりうるという関心である。ジェイ・バーニー（Jay B. Barney）を中心とするリソース・ベースト・ビューに基づく経営戦略の観点からは、企業にとっての重要な競争優位の源泉が技術的要因であった場合、比較的簡単に陳腐化してしまう恐れがある反面、人員の技能や知的資産であれば持続的な競争優位の源泉となりうる。即ち、競争優位の源泉として人的資源を戦略的に活用することは企業にとって合理的な選択となるのである。しかしながら、第二に戦略的人的資源管理は「領域ご都合主義」的な関心によって普及してきたという見方もある。「戦略的」とは誰にとって戦略的であったのか。それは人的資源管理論を普及させたい研究者や、自らの企業内での地位をあげたい人事マネジャーにとって、戦略的であったのではないのかという指摘である。人的資源管理の戦略性を企業あるいは学界において訴えることによって、自分自身たちの地位を向上させてきたのである（Bratton and Gold 2003, 翻訳書、七三頁）。

人的資源管理の分野において、戦略的人事管理は今なお研究が盛んな分野である。しかしながら、本書のテーマである合理性の観点から見た場合、この分野は経営内的・経済的合理性との関連が強い分野といえる。岡田は、人事管理が人的資源管理、そして戦略的人的資源管理と進展するにつれて、「労働者の真の福祉への適切な考慮」という基本理念が脱落していると指摘する。そのうえで、人的資源管理が戦略の一環として他の経営資源と同列に扱われ、人間性の軽視の問題が生じてくるのではないかという危惧を表明している（岡田 二〇〇八、一七〇頁）。

四　社会的合理性の追求のための人的資源管理論と今後の行方

以上に見てきたように、人的資源管理論は初め人事管理の時代には、労働者の人間的要素を考慮することで、経営体の内部から合理的にオペレーションできるよう企図する形で発展した。とはいえ、人事管理は企業内福利厚生と科学的管理法という二つのルーツが存在したがゆえに、経営内的・社会的合理性を追求しつつも、経済的合理性の追求によって発生しうる弊害を防ぐことはできなかった。

これが、人的資源管理そして戦略的人的資源管理へと発展するにつれて、むしろ経営内的・経済的合理性の追求へと傾倒していく様を本章では明らかにしてきた。

人的資源管理は企業の近代化および大規模化に伴って進展してきたことを、本章でも指摘したが、今や大規模化した企業は国や地域をもまたぐ存在となっている。今後ますます、経営活動のグローバル化とともに、国際人的資源管理（International Human Resource Management: IHRM）の重要性が増してくるだろう。古くは我が国の人的資源管理を含む経営慣行をアメリカに紹介したジェームズ・C・アベグレン（James C. Abegglen）の著作（e.g. Abegglen 1954; 1973）や日英の工場管理の比較研究を行ったロナルド・ドーア（Ronald Dore）の著作（Dore 1973）、あるいは日米の人事部の比較研究を行ったサンフォード・M・ジャコービィー（Sunford M. Jacoby）の著作（Jacoby 2005）のように国や制度によって異なる人的資源管理の様態を分析することの需要と重要性は増してくるだろう。

また、レンは人的資源管理に関する将来の問題群は社会的な価値と政治的な命令の領域にあると予言する。今や差別の撤廃や従業員の多様性の議論といった社会全体の人権の問題や企業の不祥事の問題から、企業の活動や企業の管理者たちは法規主義に拘束されている。すべては社会的な意味での人間に関わる問題であり、これらは人的資源管理の諸問題となっていくだろう。

あるいは社会的合理性を追求していくためには、ブラットンとゴールドが指摘したように、人的資源管理に関わる人々の合理性に着目することの重要性も増してくると考えられる。社会的合理性はいわば、社会を構成する人々にとっての合理性という意味であり、人的資源管理を実際に行う人々はいかなる合理性に基づき営為しているのかを追求することが人的資源管理の社会的合理性の追求へとつながるのではないか。前節において、戦略的人的資源管理論は基本的には経済的合理性の追求に終始していると論じたけれども、ブラットンとゴールドが指摘したように、「戦略的」であることを強調することによって、人的資源管理を行う部署や個人が自らの正当性や組織内での影響力の増強を狙っていたのだとすれば、それはある意味においてその営為自体は社会的合理性に基づくものであったといえる。この視点は、国際人的資源管理においても、またレンの予言においても重要となってくるだろう。社会的合理性追求の学としての人的資源管理論において、経営体における人間的要素の再確認と、人的資源管理に関わる人々にとっての合理性の分析が重要となるのである。

（寺本 直城）

第六章　経営理念と経営合理性

一　日本の経営思想

日本では多くの名立たる経営者が、経営における人の道を説き、経営理念のうちに企業と社会の共栄共存を掲げている。この日本の経営思想の源流を遡れば、江戸時代における商人出身の思想家・石田梅岩や近江商人の商売観に行きつく。

石田は主著『都鄙問答』の中で、商人のあるべき姿を説いている。ある者が、「商人は暴利をむさぼるものだ」と言えば、石田は次のように答える。「商人としての正しい道を知らない者は、利を貪ることにのめり込み、かえって家をつぶしてしまう。それに対し、商人としての道を悟れば、慾得ではなく、『仁』を心がけて仕事に励むので、家は栄える。そのようにするのを『学問の徳』としているのである」（石田 二〇一六、一二九頁）。暴利をむさぼるのは道理を知らぬ者であり、真の商人は孔孟の教えを十分に勉強し、利欲を抑えて、思いやりのある誠実な商売をしなければならないという。

商人の利益追求が卑しいものと見なされる当時の風潮の中、石田は商人の利益は武士の俸禄と同じであるとして利益の正当性を説き、世間に根づく賤商意識を喝破すると同時に、その利益が「正直な」商売によって得た利益でなければならないことを強調した。「商人は、人から正直だと思われ、互いに『善い人』と感じて心を許し合える間柄にまで発展するのが望ましい」（石田 二〇一六、一三四頁）のであり、「商売は、正しい方法で利益を上げることで成り立っている。正しい方法で利益を上げるのが商人としてのまっとうな生き方であり、利益を上げられないのは正しい商人の道とはいえない」（石田 二〇一六、一三六頁）。こうして石田は、江戸時代の商業社会において、早くも道徳と経済を両立させることの重要性を説いたのであった。「真の商人は先も立ち、我も立つことを思うなり」という石田の思想は「石門心学」として体系づけられ、全国一七三カ所に設置された学舎で、商人をはじめとする数多くの人々に影響を与えた。

石田に通ずる共栄共存の経営思想は、江戸時代から明治時代に掛けて、近江国（現在の滋賀県）を拠点に広域に行商した近江商人にも見られる。近江商人の一つである五個荘商人の二代目・中村治兵衛が遺した家訓「宗次郎幼主追書」には、「他国へ行商するも、総て我がことのみと思わず、その国の一切の人を大切にして、私利を貪ることなかれ。神仏のことは常に忘れざるよういたすべし」（AKINDO委員会 一九九八）等、子孫への書置きとして行商の心構えが記されている。これが、現代に伝わる「売り手よし、買い手よし、世間よし」の「三方よし」の起源であるとされている。売り手のみならず買い手も満足し、さらにはその商売が社会に貢献するものでなければならないという思想は、江戸時代から広く商人たちに共有されていた。

明治維新後、こうした日本の伝統的な道徳的経営観を近代的な企業経営と結び付けたのは、日本資本主義の父といわれる渋沢栄一であった。昭和二年の主著『論語と算盤』に示された儒教倫理を柱とする渋沢の経営思想は、「道徳経済合一説」として広く知られている。それは、道徳と経済は両立し得るものであり、経済活動にあって両者を調和させなければならないとする思想である。渋沢によれば、儒教倫理は読み違えて伝えられ、長らく道徳と経済は相容れることのない対立関係のものと信じられてきた。その結果、実業家の多くが道徳を欠いた利己主義となり、自己利益のために他者や社会が犠牲になろうと構わないというような状態に陥っている（渋沢 一九八五、一一八頁）。

だが、道徳と経済を個別に捉えることは誤りであり、両者が本来的に「合一」であることを、渋沢は「義利合一」や「士魂商才」という言葉で表現している。その主張は第一に、利益は道理に適った経済活動から得たものでなければならないというものである。「正しい方法」で得た利益であれば何ら賤しむべきものではないし、そうした仁義道徳に基づいた経済活動こそが永続的なものとなる。第二に、富者は自らの道徳的義務として、経済活動を通じて社会を豊かにしなければならないというものである。富豪が「かく分限者になれたのも、一つは社会の恩だということを自覚し、社会の救済だとか、公共事業だとかいうものに対し、常に率先して尽すようにすれば、社会はますます健全になる」のであり、「世の大方富豪が社会に対する徳義上の義務として、常に公共事業に尽されんことを望む」（渋沢 一九八五、一二一―一二二頁）という。渋沢は経済発展こそが豊かな社会を築く基礎であり、事業を起こすことは道徳的に重要であると考えたことから、自身も数多くの企業の設立や経営に携わり、日本の産業社会の基盤を築くことで近代化に大きく貢献している。

また、松下電器産業株式会社（現・パナソニック株式会社）の創業者である松下幸之助が、企業を「社会の公器」とする基本的な考えのもと、確固たる自身の哲学を柱に経営を行ってきたことは有名である。人材、物資、資金という社会が生み出した多大な経営資源を用いて事業活動を行っている企業が、未だに私的利害の観点を脱せずにいることは望ましいことではなく、社会との共栄共存を図らねばならないという思考である。松下が考える企業の社会的使命の内容は「水道哲学」として広く知られている。それによれば、「生産者の使命は貴重なる生活物資を、水道の水のごとく無尽蔵たらしめることである。いかに貴重なるものでも量が多くして、無代に等しい価格で提供することにある。このようにして貧しさが除かれ、貧しさから生ずるあらゆる悩みが除かれていく」（松下　一九八六、二九四頁）。事業活動を通じて貧困を取り除き、社会の発展に貢献すること自体が企業の存在意義であり社会的使命であることが主張されている。現代では、松下に倣って企業を「社会の公器」とする考えは広く普及しており、同様の理念を表明する企業が数多く存在するようになっている。このように利益追求だけではなく自社の社会的な存在価値を意識し、社会との共栄共存や道徳を重視する経営観が日本では連綿と続いてきているのであり、経済界を牽引するリーダーの多くが、確固たる理念や哲学に基づき事業経営を展開してきた。

二　経営理念への注目

経営理念が世界的に注目されるきっかけとなったのは、一九八〇年代初頭、アメリカ企業の生産性が低迷する中、好業績の日本企業の中核的要素として強い経営理念と企業文化が導き出されたことであった。有名な先駆的研究として挙げられるのは、トム・ピーターズ（Thomas J. Peters）とロバート・H・ウォーターマン（Robert H. Waterman）の一九八二年の著書『エクセレント・カンパニー』である。同書は、戦略策定の際、機会と脅威の徹底的な分析、適合的な組織構造と経営資源配分の決定といったハードウェアにばかり気を取られ、生身の人間が持つ価値観や文化といったソフトウェアが忘れられてしまっている状態を「分析麻痺症候群」という言葉で批判している。そして、成長性・収益性といった業績が著しく高い超優良企業に共通する特徴として以下の八点を導き出している。即ち、①計画より行動を重視すること、②顧客の声に熱心に耳を傾けていること、③失敗に寛容になり挑戦を推奨するような、企業家精神を尊重する空気があること、④従業員を生産性向上の源泉として重視していること、⑤企業の価値観を組織に行きわたらせていること、⑥非関連多角化を避け、基軸から離れないこと、⑦（マトリックス組織のような複雑な組織構造ではなく）単純な組織構造を採用し、本社管理階層が少人数であること、⑧従業員の自主性を尊重しながらも、経営理念によって徹底的に統制されていることである。

テレンス・E・ディール（Terrence E. Deal）とアラン・A・ケネディ（Allan A. Kennedy）もまた、同年の著書『シンボリック・マネジャー』において、常に好業績の企業には強力な企業文化が見られることを示している。同書は日本企業の成功理由について次のように言う。「日本人が成功している大きな理由のひとつは、彼らが常に、国全体として、ひとつの非常に強い、緊密な文化を維持していることだと思う。個々の企業がそれぞれ強い文化を持つばかりでなく、企業と銀行と政府との連係そのものがまたひとつの文化であり、それもきわめて強力な文化なのである。日本株式会社とは実に、企業文化の概念を全国規模に拡大したものである。アメリカではこのような理念の同一化を、全国的な規模で適用することはできないが、個々の会社では非常に効果的であると思われる。事実、アメリカの企業の持続的な成功のかげには、ほとんど常に、強い文化が推進力として働いている」（Deal and Kennedy 1982, 翻訳書、五頁）。

この考えは、次の調査結果に基づくものであった。即ち、①調査した八〇社近いアメリカ企業のうち、明確に表現された理念を持っていた企業はわずか二五社であったこと、②これら二五社のうち、一八社は社会的・文化的な理念を持っていたのであるが、残りの七社は金銭面の目標を掲げているだけであったこと、③社会的・文化的な理念を持つ一八社はすべてめざましい業績を上げていたのに対し、残る七社には業績の良い企業と悪い企業とが混在しており、有意な相関関係が認められなかったことである。こうして同書は、自社の社会的な存在意義が示された明確な経営理念に基づく強い企業文化が好業績を生み出すことを主張するに至っている。

以上のような「強い企業文化が好業績を生み出す」仮説をきっかけに、経営理念や企業文化への注目は学界でも実務界でも高まっていった。日本でも一九九〇年代半ば以降、「ビジョナリー・カンパニー」や「ミッション経営」といった経営理念を基軸とする事業経営のあり方が注目されるようになる。当初は収益性との関係で経営理念に注目が集まっていたものの、多発する企業不祥事や企業の社会的責任（corporate social responsibility：以下ＣＳＲと表記）への関心の高まりを受け、企業とステークホルダーの共栄共存の観点からも経営理念や企業文化の役割が再評価されるようになった。柴田（二〇一三）によれば、二〇〇〇年代半ば辺りまでは、経営理念の浸透と業績の関係を定量的に把握しようとする研究が中心であったが、二〇一〇年前後になると経営倫理やＣＳＲの浸透に関連する研究が増えている。

三　経営理念の役割と組織への浸透プロセス

松下幸之助は著書『実践経営哲学』の冒頭で次のように述べている。「私は六〇年にわたって事業経営に携わってきた。そして、その体験を通じて感じるのは経営理念というものの大切さである。いいかえれば『この会社は何のために存在しているのか。この経営をどういう目的で、またどのようなやり方で行っていくのか』という点について、しっかりとした基本の考え方をもつということである。事業経営においては、たとえば技術力も大事、販売力も大事、資金力も大事といったように大切なものは個々にはいろいろあるが、いちばん根本になるのは、正しい経営理念である。それが根本にあってこそ、人も技術も資金もはじめて真に生かされてくるし、また一面それらはそうした正しい経営理念のあるところから生まれてきやすいともいえる」（松下 二〇〇一、一二―一三頁）。

この言葉のとおり、経営理念は事業経営のもっとも根本的な指針となるものである。経営理念として明示された企業の存在意義や究極的な社会的使命に方向づけられ、中長期の企業のビジョンや目標が定められる。それは売上高や利益率といった具体的な到達状態としての目標であり、それを達成するための方策として企業戦略が打ち立てられる。一方、そうした社会的使命や企業として守るべき価値規範が、組織の人々の理解と納得を得て共有され、組織全体に浸透し、企業文化の中核として定着すれば、組織の人々の意思決定を深部で方向づけるものとなる。

経営理念が果たす役割の一つに、企業のあらゆるレベルで意思決定が行われるとき、経営理念が判断基準を提供するという点がある。経営理念は、組織の中で人々が行動し、物事をいかに処理すべきかを判断するときの拠りどころとなるものである。明確な経営理念が定められていれば、各人の仕事に対する迷いや不安は軽減され、その都度上司に相談しなくとも、企業の指針に沿った意思決定が迅速かつ効率的に行われる。こうした経営理念の役割から、倫理規範が明示された経営理念が、各人の行動を倫理的に方向づけることが期待される。たとえば、京セラ株式会社では、創業者である稲盛和夫の人生経験に基づき作成された指針「京セラフィロソフィ」の中で、「人間として何が正しいか」を判断基準とし、誰にも恥じることない公明正大な業務運営を行っていくことの重要性が繰り返し説かれている。各人がこれに従い、「嘘をつかないこと」、「人を騙さないこと」、「正直であること」といった、人間として当然守るべき基本的な倫理規範の遵守のもと日常の意思決定を行うことが期待されている。

ただし、経営理念をただ標語として掲げているだけで、それが実際の企業行動に結びついていないのであれば意味がない。経営理念が内実を伴うものとなるためには、それが組織の人々に共有され、企業文化の一部として定着しなければならない。

エドガー・H・シャイン（Edgar H. Schein）は、著書『企業文化—生き残りの指針—』において、企業文化の始まりが創業者集団が形成されていくプロセスにあるとし、そのプロセスを次のように説明している。「①一人の人間（創業者）が新事業に関するアイディアを抱く。②創業者は、一人またはそれ以上の人々を集め、創業者と共通のビジョンをもつ中核的集団を創る。③創業者集団は、資金を集め、特許を入手し、会社を設立し、用地を定めるなどにより組織を創設するため協調行動をとりはじめる。④さらに他の人々がこの組織に呼び込まれ、共通の歴史が構築されはじめる」（Schein 1999, 翻訳書、二六八頁）。

事業が軌道に乗り始め、徐々に従業員の数が増えていくと、企業文化は創業者集団から他の従業員へと次第に広まっていく。まだ企業規模が小さく属人性の強い創業期においては、とりわけ経営者の強力なリーダーシップが企業文化の定着を促す大きな要因となることが考えられる。シャインによれば、「組織文化は、リーダーによって創造され、そしてリーダーシップの最も決定的な機能の一つが文化の創造であり、文化の管理であり——必要とあらば——文化の破壊なのである。文化とリーダーシップは、詳しく検討してみると、コインの表裏の関係にあり、どちらも一方だけを取り出して理解できるというものではない。（中略）つまり、リーダーが行う真に重要な唯一の仕事は、文化を創造し、管理することである。またリーダーとしての独自の資質は、文化を操作する能力である」（Schein 1985, 翻訳書、四頁）。

成長期に入り、組織の規模がある程度大きくなれば、中間管理者が果たす役割もまた重要なものと考えられる。たとえば、野中・竹中（一九九六）の「ミドル・アップダウン・マネジメント」理論に基づけば、中間管理職（ミドル・マネジャー）が経営者（トップ）と一般労働者（ボトム）を繋ぐ「結節点」となり、組織変革の中心的な役割を担うものとなる。チームのリーダーとなることが多い中間管理職であれば、経営者の持つ理念と一般労働者の現場感覚の「かけ橋」となって、指揮、命令、監督、教育、評価等の日常業務や非常時の意思決定等を通じて、公式的にも非公式的にも、企業としての価値観を組織の人々に直接伝達することができる。

また、組織構造や企業内制度のあり方も、企業文化の共有メカニズムとして機能することが考えられる。組織の指揮・命令系統、賃金制度や昇進制度といったインセンティブ制度、雇用制度、各種の職務規定、研修制度などがそれである。それらは、「いかなる地位にいかなる権限を与えているのか」、「いかなる能力・実績が評価されるのか」、「いかなる働き方をすべきなのか」といった企業内の価値基準が反映されたものである。それらを通じ、組織の人々は意識的にも無意識的にも企業の価値観を学習していくことになる。こうして経営理念には、企業文化としての浸透・定着を通じて、組織を内的に規律づける役割が期待される。

四　企業倫理の制度化による補完

現代の巨大企業が社会に対して与える影響力に鑑みて、社会的正当性を継続的に確保する企業努力が必要不可欠となっている。社会規範に適合的な企業行動を確保するためには、経営理念のうちに示された倫理規範や企業としての「正しい」行動を組織全体で共有し、利害関係者と直接対峙する現場の労働者の行動にまで結びつけなければならない。経営理念の組織的共有が実現すれば、社会規範を逸脱した企業行動に対してある程度の抑止力が働くことが期待される。

他方で、企業行動の社会的合理化を目指すとき、企業の倫理的行動を確保するための枠組み条件としての制度倫理による補完の必要性が無視できない。中村（一九九七）によれば、「日本ではしばしば、企業倫理を経営理念ないし、いわゆる経営哲学と同一視する傾向が見られる。一般的には、経営者もしくは組織体としての企業の思想・信条そのもの、またはその一部をなす何らかの道徳的信念をもって企業倫理と見なすことがそれであるが、企業倫理に即して、より具体的に見れば、いわゆる社是・社訓と倫理綱領（code of ethics）もしくは行動憲章（code of conduct）とを同一視することがそれである」し、また「企業倫理を企業または経営者の社会的責任と同一視する傾向が日本ではきわめて根強い」（中村 一九九七、一九七頁）。

だが、企業行動の倫理性の確保を、経営理念という個人の信念に基づく道徳的選択だけに期待することには限界が看守されるのではなかろうか。企業活動の影響を被る利害関係者の多様化ならびに企業と利害関係者の関係の複雑化に伴い、経済合理性と同時実現が求められる社会的合理性の内容は拡大している。現代の巨大企業は、企業と利害関係者、あるいは利害関係者間の意図せざる利害対立が発生する可能性を常に孕んでいることから、企業倫理はそうした新たな利害対立状況に開かれたものでなければならない。

すでに中村（二〇〇一）は、アメリカにおける企業倫理への取組みの実態を検討する中で、「企業倫理の制度化（institutionalization of business ethics）」が枢要な概念となっていることを確認している。図表6―1は、日常の業務遂行の中に生ずる可能性のある倫理的課題事項の主要項目であり、作成時点において具体的事例の分析を通じて特定されたものである。これらの問題への対応を、組織的に体系立てて遂行することが社会的に要請されている。そのための代表的な方策として挙げられているものは、①倫理綱領または行動規範の制定・遵守、②倫理教育・訓練体系の設定・実施、③倫理関係事項に関する相談への即時対応態勢の整備、④問題告発の内部受容と解決保障のための制度制定、⑤企業倫理担当常設機関の設置と、それによる調査・研究、立案・実施、点検・評価の遂行、⑥企業倫理担当専任役員の選任と、それによる関連業務の統括ならびに対外協力の推進、⑦その他、各種有効手段の活用（倫理監査、外部規格機関による認証の取得、等々）である。さらに、企業行動の倫理性の実現を個別企業の自発的努力のみに期待することは困難であるため、このような個別企業の制度化努力を社会的に支援する存在が欠かせないという。それは、①各種利害関係者（投資家、顧客・消費者、配給業者、納入業者、金融機関、地域住民、従業員など）の支持、②業界（同業者団体、地域経済団体、全国経済団体など）による自主規制、③公的権力（国家および地方の立法・行政・司法機関）による助成と奨励の三者である。

図表 6-1　企業倫理の課題事項と関係領域

関係領域	価値理念	課題事項
①競争関係	公正	カルテル、入札談合、取引先制限、市場分割、差別対価、差別取扱、不当廉売、知的財産権侵害、企業秘密侵害、贈収賄、不正割戻、など。
②消費者関係	誠実	有害商品、欠陥商品、虚偽・誇大広告、悪徳商法、個人情報漏洩、など。
③投資家関係	公平	内部者取引、利益供与、損失保証、損失補填、作為的市場形成、相場操縦、粉飾決算、など。
④従業員関係	尊厳	労働災害、職業病、メンタルヘルス障害、過労死、雇用差別（国籍・人種・性別・年齢・宗教・障害者・特定疾病患者）、専門職倫理侵害、プライバシー侵害、セクシャルハラスメント、など。
⑤地域社会関係	企業市民	産業災害（火災・爆発・有害物質漏洩）、産業公害（排気・排水・騒音・電波・温熱）、産業廃棄物不法処理、不当工場閉鎖、計画倒産、など。
⑥政府関係	厳正	脱税、贈収賄、不正政治献金、報告義務違反、虚偽報告、検査妨害、捜査妨害、など。
⑦国際関係	協調	租税回避、ソーシャルダンピング、不正資金洗浄、多国籍企業の問題行動（贈収賄・劣悪労働条件・公害防止設備不備・利益送還・政治介入・文化破壊）、など。
⑧地球環境関係	共生	環境汚染、自然破壊、など。

出所：中村（2001）、91 頁。

また、個人倫理を重視する日本とは対照的に、ドイツでは制度倫理（Instisutionenehik）または手続き的な手引き（prozessuale Anleitung）としての企業倫理が重視されている。ドイツの企業倫理学の先駆的な研究者であるホルスト・シュタインマン（Horst Steinmann）とその門下の人々（シュタインマン学派）[1]によれば、企業倫理は個人の信条や何らかの基礎から演繹的に導かれた特定の規範とは区別されるものであり、規範の基礎づけ（Begründung）ないし根拠づけ（Fundierung）が重要となる。利害対立の状況、倫理的事項に関する個人の権利、対立する利害の優先順位といったものは自明ではない。それゆえ、倫理規範を一人の人間が独和的に（monologisch）決定するのではなく、理性（Vernunft）に基づく批判的で公共的な対話（kritischer öffentlicher Dialog）を通じた民主的な手続きによって基礎づけることが重要とされる。かかる企業倫理は、対話倫理（Dialogethik）またコミュニケーション倫理（kommunikative Ethik）としての性格を持つ[2]。同学派によれば、「企業倫理は、当事者との対話的合意によって基礎づけられた、または基礎づけ可能な、あらゆる具体的で手続き的な規範――それは具体的な企業活動において、利潤原理がもたらす対立作用を抑制するために、自己拘束（Selbstbindung）の目的で遂行される企業の義務――を包含する」（Steinmann/Löhr 1991, S.10）ものである。

同じくドイツの企業倫理学の代表的な研究者グループであるウルリッヒらは、対話による倫理的根拠づけに基づき、倫理的な企業行動を実現するための制度的な枠組み条件として、具体的な倫理方策（Ethikmaßnahmen）を提示している。そこでは、①倫理綱領の制定、企業倫理に関わる事例研究、

②倫理担当執行役、倫理担当責任者、オンブズマン、倫理委員会、倫理的対話サークルの設置、③倫理セミナー、倫理ワークショップの開催、④倫理フォーラムの開催、倫理ホットラインの設置、⑤社会会計、環境会計、倫理会計、倫理監査、倫理人事制度が例示されている（風間 二〇〇三、五二一―五四頁）。

（山口 尚美）

注

（1） シュタインマン学派の企業倫理学は、万仲（二〇〇四）に詳しい。
（2） シュタインマン学派の対話倫理の一般的特徴は、Steinmann/Löhr（1994）, SS. 84-86.

第三部　対外的・経済的合理性の追求

第七章　新制度派経済学と経営合理性

一　新古典派経済学から新制度派経済学へ

新古典派経済学と呼ばれる伝統的な経済理論では、効率的な資源配分システムとしての市場の役割が価格機構から説明されるのであり、資源配分に関わる企業組織の性格は無視されている。個々の行為者は、自己の経済的利益を追求するための最適行動を選択する主体と仮定されるのであり、買い手と売り手はともに自己の効用最大化を目指して行動するものと見なされる。自由な市場取引のもと、多数の買い手と売り手が生み出す需要と供給のバランスが市場価格を形成し、労働市場、製品市場、金融市場を通じてヒト、モノ、カネといった資源の効率的な配分が行われる。

そこでは、企業は市場原理を説明するための一つの行為者として、完全合理的に利潤最大化を図る「経済人（economic man）」として単純化される。その合理的行動の特徴は、第一に意思決定に先立ってすべての代替案を列挙し、第二にすべての代替案から生ずる結果を把握し、第三にすべての結果を単一の効用関数に位置づけ、明確な順位づけを行い、第四にもっとも好ましい結果を伴う代替案を選択するという点にある（March and Simon 1993, 翻訳書、一七五―一七六頁）。

このような新古典派経済学が前提とする「経済人」仮説に対し、ハーバート・A・サイモン（Herbert A. Simon）の著書 *Administrative Behavior: A Sutdy of Decision-Making Processes in Administrative Organization*（『経営行動』）は、それが現実の人間行動とは異なることを指摘する。現実には、少なくとも以下の三点の理由から完全合理性を達成することはできない。即ち、第一に、人間は状況について部分的な知識しか持ち得ないため、すべての代替案を列挙することはできず、少数の代替案を思い浮かべるに過ぎないこと、第二に、選択の結果に関して人間が持つ知識は断片的であり、完全な予測になり得ないこと、第三に、選好は変化するため、将来時点で生ずる選択の結果を、現時点において評価し得ないことである。以上のような合理性の制約から、現実の人間は「限定合理性（bounded rationality）」に従った「管理人（administrative man）」として、効用の最大化（maximize）を目的とする場合であっても、実際には満足し得る（satisfice）または十分に良い（good enough）と思われる行為を選択するのである。

新制度派経済学は、このサイモンの限定合理性の概念を導入し、企業組織をめぐる制度を分析対象とすることから、新古典派経済学の基本的主張を補完しようとする一連の理論群である。ロナルド・H・コース（Ronald H. Coase）によって提唱され、オリバー・E・Williamson）によって展開された取引費用理論、マイケル・C・ジェンセン（Michael C. Jensen）とウィリアム・H・メックリング（William H. Meckling）、ユージン・F・ファーマ（Eugene F. Fama）等によって展開されたエージェンシー理論、アルメン・A・アルチャン（Armen A. Alchian）やハロルド・デムセッツ（Harold Demsetz）等によって提唱された所有権理論から構成される。

二　取引費用理論と企業組織

取引費用理論は、コースの一九三七年の論文 "The Nature of the Firm"（「企業の本質」）によって基本的構想が生成され、ウィリアムソンの一九七五年の著書 *Markets and Hierarchies: Analysis and Antitrust Implications*（『市場と企業組織』）によって精緻化された経済分析の理論である。コースの所論は、新古典派経済学がそれまで看過してきた企業組織をめぐる問題を提起するところから始まる。

新古典派経済学の主張では、それぞれの行為者が、自己利益最大化原理に基づき自由に市場取引を行えば、価格調整機能が働き、自然に資源の効率的な配分が行われることになる。それはコースが指摘するとおり、「見えざる手」に操られるがごとく「経済システムがひとりでに機能している」（Coase 1937, p. 387）状態が想定されるものである。ところが、現実の資源配分は必ずしも自由市場を通してのみ行われるわけではない。一方で、組織としての企業が存在しており、その内部において資本家や経営者が自らの権限に基づき命令・調整を行うことで、代替的な資源配分機能を担うような状況が数多く存在する。コースによれば、このような企業による資源配分機能については、多くの経済学者が認知していながらも、市場の効率性を強調するために無視してきたものである。それでは、なぜ市場とは別に企業という組織が存在するのか。これがコースの第一の問いである。

また、新古典派経済学によれば、企業は規模の経済性を機能させるために拡大するのであるが、一定規模を超えると管理費などが収益を上回るようになりかえって非効率化する。つまり、限界費用が限界収入を上回る状態になると企業規模の拡大は非効率化するのであり、限界費用と限界収入が等しくなる点で企業の適正規模が確定するとされる。だが、コースによれば数多くの企業が多角化しているのであり、単位生産物あたりの費用便益計算は無意味である。単一製品について生産費用が収益を上回ったとしても、他の製品と総合して、全体で生産費用を上回る収益を上げることができれば、企業規模を拡大できることになる。結局のところ、企業の規模また企業と市場との境界は、どのように決定されるのか。これがコースの第二の問いである。

企業がなぜ存在するのかという第一の問いについて、コースは企業と市場が代替的な資源配分システムであることを主張する。コースによれば、新古典派経済学による完全競争の前提と異なり、実際には価格機構を利用するためには各種の費用が掛かる。たとえば、取引の際に騙されないように、必要とする資源の価格を調べ、取引相手を探索するための費用、取引の際に交渉するための費用、契約を結ぶための費用、契約履行を監視するための費用といった諸費用が、市場取引に伴って発生する

(Coase 1937, p. 390–391)。これは、後にウィリアムソンが「取引費用(transaction cost)」と名づけたものである(Williamson 1975, 翻訳書、九頁)。

この市場の利用に伴って生ずる取引費用に比べ、垂直統合や内部労働市場の活用によって、必要な資源を自社内で生産・調達する場合の費用の方が小さくなるのであれば、企業が市場の役割に取って代わることになる。ここに、コースの考える企業の存在理由が見出される。コースによれば、「市場が機能するとき、何らかの費用が発生する。組織をつくり、資源に関する命令・監督の役割を、ある権限を持つ人(entrepreneur:企業家)に与えることによって、市場の利用に伴う費用をいくらか節約することができる」(Coase 1937, p. 392)。このとき企業家は、「競争システムのもとで、資源配分の方向づけを価格機構に代わって行なう人や人々」(Coase 1937, p. 36)のことであり、市場取引と組織化の双方における費用を勘案して、企業組織の規模を決定する役割を担う。

第二の問いである企業と市場の境界問題について、コースは次のように考える。企業が組織化の範囲を徐々に広げていき、企業規模が大きくなると、市場取引費用が低下する一方で、組織化費用が増大する。その理由は、第一に、企業規模の拡大に伴い、企業家の収穫逓減が働くこと、第二に、企業内取引の増大に伴い、企業家が資源の有効利用に失敗する可能性が高まること、第三に、企業規模の拡大に伴い、企業が購入する資源の価格、特に労働賃金が上昇することである(Coase 1937, p. 43)。そのため企業規模は、市場取引費用と組織化費用の合計である総費用が最小化される点まで拡大されることになるという。

それでは、市場を利用するときに取引費用が発生するのはなぜか。この問題はコースによって必ずしも明確にされていなかった点である。ウィリアムソンによれば、取引費用が発生する原因は、人間の限定合理性と機会主義的行動にある。新古典派経済学が前提とする「完全な市場」では、すべての行為者は「経済人」であり、すべての情報を知悉し、結果に対する正確な予測を行うため、取引費用は発生しない。取引費用が発生するのは、市場が不完全だからである。ウィリアムソンによれば、「市場の失敗をひきおこすものは不確実性ないし少数性あるいはその両方ではなく、これらの要因が一方では限定された合理性と、また他方では機会主義とむすびつくことが、交換のうえに諸種の困難をひきおこす」（Williamson 1975, 翻訳書、一四頁）のである。

ウィリアムソンのいう機会主義とは、「経済主体は自己の利益を考慮することによって動かされるという伝統的な仮定を、戦略的行動の余地をも含めるように拡張したものである。戦略的行動とは、自己の利益を悪がしこいやり方で追及することにかかわっており、種々の代替的な契約上の関係のなかから選択をおこなう問題にたいして、深い含意をもつもの」であり、それらは管理責任者的行動や代理人的行動と異なり、「個人的利益を実現しうることを期待して『虚偽の、ないし実体をともなわない、即ち自分で信じていない、脅しまたは約束』をおこなうこと」（Williamson 1975, 翻訳書、四四頁）を伴う行為である。

市場取引にあっては、限定合理的でかつこのような機会主義的性向を持つ主体が、自己利益を増進させるために相手を騙すような行動を取り合う。そのため、事前に取引相手を調査し、細密な契約書を作成し、契約履行を監視するといった取引費用を負担することで、欺瞞から自己利益を守る必要が生ずるのである。

ただし、限定合理性や機会主義の程度を測定することは不可能であるため、取引費用の増減に関わる要因として、資産特殊性、不確実性、取引の頻度の三つが指摘される（Williamson 1996, 翻訳書、六八頁）。第一に、取引される資産の価値が相手によって異なるような場合、取引費用が上昇する傾向にある。例えば、特定顧客との取引のために多額の設備投資を行った場合、その埋没費用が「人質」となるため、機会主義的な駆け引きを仕掛け合う可能性が高まり、多額の取引費用を負担する必要が生ずる。[1] 第二に、取引をめぐる情報について多くを得られないような不確実な状況では、わずかな情報の下で相手の機会主義を回避し、自己利益を高めなければならないため、取引費用が上昇する傾向にある。第三に、継続的な取引に比べ、単発の取引の場合には、相手に関する情報の蓄積がなく不確実性が高まるため、取引費用が上昇する傾向にある。こうして市場における取引費用が高まると、それを節約するために組織化するか（"make"）、それとも市場取引を継続するか（"buy"）選択に直面することになる。

こうしたウィリアムソンが主張する新制度派経済学の立場は、伝統的なミクロ経済学を「補完」するものであり、新古典派経済学に対抗したソースティン・B・ヴェブレン（Thorstein B. Veblen）やジョン・R・コモンズ（John R. Commons）による従来の制度派経済学とは区別される。ウィリアムソンによれば、「『新しい制度の経済学』とでもよびうるものに対する広範な基礎をもった関心が、近年、経済学者たちのあいだに高まりつつある。（中略）しかしながら、初期の制度派と異なり、現在のグループは、折衷主義的であろうとする。新しい制度派経済学者たちは、ミクロ理論に依拠するとともに、たいていの場合、自分たちがおこないつつあることを、伝統的な分析にとってかわるものとみるよりも、むしろ伝統的な分析を補完するものとみなす」（Williamson 1975, 翻訳書、五頁）のである。以上のとおり、ウィリアムソンによって展開された取引費用理論は、経済合理性のみを企業の行動原理と見なす伝統的なミクロ経済学の立場を維持しながら、それまで看過されてきた企業組織をめぐる問題に正面から取り組むものであった。

三　株主主権論の土台となる理論

新制度派経済学には、会社を株主利益最大化のための用具と見なし、株主利益の観点から経営監視活動の強化を図ろうとする株主主権型の企業統治の土台となる理論がある。エージェンシー理論は、ジェンセンとメックリングの一九七六年の論文 "Theory of the Firm: Managerial Behavior, Agency Costs, and Ownership Structure"（「企業の理論」）によって知られるところとなった理論であり、経営者と各種利害関係者の関係をすべて契約関係と見なす法的企業観に立脚する。[2] とりわけ重要になるのが株主と経営者の関係である。それによれば、会社の株主と経営者は、契約に基づく依頼人（principal）と代理人（agent）の関係にある。つまり、本来であれば出資者たる株主が自ら事業経営を行い、自らその成果である利益を手にするはずであるが、企業規模の拡大によってそれが困難となり、株主は自らの代わりとして経営管理の担当を専門経営者に依頼することになる。それゆえ、経営者は株主から権限委譲された「株主の代理人」として、株主利益のために経営を行わなければならないという。

新古典派経済学の完全合理性の仮説に基づけば、依頼人は代理人の行動やそれに関わる情報をすべて把握し監視できることから、代理人はたとえ異なる利害を持っていたとしても、依頼人の利益を最大化させる行動を取らざるを得ない。ところが、実際には株主が経営者と同等の経営情報を入手することは困難であり、両者の間には情報の非対称性が存在する。そうなれば、経営者が株主利益を無視して、機会主義的に自己利益を追求する可能性が表れる。

この非効率問題を解消するために、一方で経営者が株主利益を志向するための監視システムやインセンティブ・システムを作り、他方で会計監査を受けたり情報開示を行ったりと、利益相反が生じていないことを示すための措置を講ずる必要がある。前者に掛かる費用を監視費用（monitoring cost）、後者に掛かる費用を拘束費用（bounding cost）という。ただし、これらの費用を負担してもなお、経営者の意思決定と株主利益を最大化する意思決定との間には不一致が存在する。この不一致によって損なわれる株主利益は、残余損失（residual loss）に相当する（Jensen and Meckling 1976, p. 308）。この理論は、ストック・オプションの経営者報酬への導入や、社外取締役を活用した取締役会内各種委員会の設置等、株主視点を強化する企業統治改革に理論的土台を与えるものとなる。

また、エージェンシー理論の流れを汲んだ所有権理論の不完備契約アプローチ(3)は、所有権の本質を「残余支配権（residual rights of control）」（Hart and Moore 1990, p. 1120）にあると考える。それによれば、人間の限定合理性ゆえに、将来の状況に関わることまですべてを契約内容に示すことは不可能である。それゆえ、契約上規定できない資産に関する権利は、すべて資産の所有権者に帰属するものとなる。非公開の小規模な企業であれば、単独ないし少数の所有者が直接資産を支配できるが、所有権が分散した公開株式会社では、株主が資産に対する事後的な支配権を持つことで解決が図られるという。株主が企業統治の唯一の主権者であることを根拠づけようとする主張である。

エージェンシー理論が登場した背後には、アドルフ・A・バーリ（Adolf A. Berle）とガーディナー・C・ミーンズ（Gardiner C. Means）が一九三二年の著書 *The Modern Corporation and Private Property*（『近代株式会社と私有財産』）の中で主張した「所有と支配の分離」論ないし経営者支配論と、その後の企業目標や経営者の役割に注目した研究の流行がある。

「所有と支配の分離」と経営者支配の成立の経緯は次のとおりである。創業間もない小規模な株式会社では通常、多額出資者である同族の大株主については、自らが経営機能を担当する。一般に、企業規模の拡大に伴い経営が複雑化していけば、専門的な知識・経験・能力を有する経営担当者が必要となるのであり、同族内に適任者がいる場合でなければ、支配株主は自らの代わりに経営担当者を雇用することになる。それによって、所有者であることを根拠とするのではなく、被用者であることを根拠として経営機能を担当する専門経営者が登場する。その場合であっても、取締役の過半数選任を意味する支配力は依然として大株主である同族の手中にあることから、所有と支配は一致している。専門経営者が同族の意に沿わない経営を行った場合、同族は彼を解任し、新たな経営者を選任することになる。この段階では、「所有者＝支配者」から経営機能のみが分離し、専門経営者の手に渡っていることになるのであり、専門経営者はまさに「株主の代理人」としての役割を担うことになる。

さらなる企業規模の拡大に伴い株主数が増加し、株式の分散化が進めば、やがて取締役の過半数選任に必要な持株比率を維持し得る株主は存在しなくなる。株主は支配の座から退くことになり、単に配当と株式売買に伴う譲渡利益の享受者となる。この現象が、「所有と支配の分離」である。一方、専門経営者は株主から委任状を収集することで、取締役と次期経営者の人事権を自ら掌握し、所有に拠らずして株式会社の実質的な支配者となる。これによって経営者支配が成立する。バーリとミーンズは、当時のアメリカ非金融大会社二〇〇社の株式所有構造を分析し、所有者支配の終焉と経営者支配の成立を明らかにした。

かかるバーリとミーンズの主張が登場して以来、新古典派経済学の流れを汲むミクロ経済学の分野で、企業目標や経営者の役割を問う研究が現われるようになる（高橋 二〇一五、一九七頁）。その嚆矢となったジョエル・ディーン（Joel Dean）の一九五一年の著書 *Managerial Economics*（『経営者のための経済学』）は、ミクロ経済学の分析手法を企業行動や経営者の意思決定に応用するマネジリアル・エコノミクスの分野を確立した。ウィリアム・J・ボーモル（William J. Baumol）の一九六二年の著書 *Business Behavior, Value and Growth*（『企業行動と経済成長』）は、現実の企業が標準的なミクロ経済学の理論どおりに行動していないことから、企業行動の原理として、経営者が利潤ではなく売上高を最大化することを主張した。ロビン・マリス（Robin Maris）の一九六四年の著書 *The Economic Theory of Managerial Capitalism*（『経営者資本主義の経済理論』）は、「所有と支配の分離」によって株主利益から独立するようになった企業では、経営者は企業資産の成長率を目標とすることを主張した。

また、ウィリアムソンは、リチャード・M・サイアート（Richard M. Cyert）とジェームズ・G・マーチ（James G. March）の著書 *A Behavioral Theory of the Firm*（『企業の行動理論』）に結実する共同研究に執筆者の一人として参加し、論文“A model of rational managerial behavior”（「合理的経営者行動のモデル」）を寄稿している。その中で、経営者は長期的計画のために適切な人的投資を行わなければならないことから、利潤最大化目的が制限されることを主張している。サイアートとマーチは本書において、企業を異なる選好順位と多様な目標や動機を持つ人間の連合体（coalition）と捉えている。現実の企業は、経営者、従業員、株主、供給業者、顧客など固有の利害を持つ多様な主体から構成されるため、常に利害対立の可能性を孕んでいる。それゆえ、企業は利潤という単一目標の最大化を図るのではなく、複数個の目標について何らかの形で満足化を図ることになるのであり、その目標は構成員間の交渉によって決まるとした（Cyert and March 1963, 翻訳書、一三―五五頁）。

こうしてバーリとミーンズの経営者支配論を契機に、企業の利潤最大化目的が見直されるようになり、もはや「株主の代理人」ではない経営者の新たな役割が議論されるようになった。ジェンセンとメックリングのエージェンシー理論は、これらの新たな企業理論構築の試みへの対抗理論として提示されたものであり、企業の目的が株主価値最大化であり、経営者が株主利益のために行動しなければならないことを強調する意図がある（高橋 二〇一五）。特にジェンセンはその後の論文や単著において、企業の株主価値最大化目的を積極的に主張するようになる。二〇〇〇年の著書 *A Theory of the Firm: Governance, Residual Claims and Organization Forms*（『企業の理論―ガバナンス、残余請求権、組織形態―』）では、「株主価値最大化は、社会のパイを最大化するための会社の目的である。残余請求権のリスク負担者である株主は、会社の支配権を持ち、会社の利益を最大化する動機を持つのであり、彼らがその支配権の多くを取締役会に委譲し、取締役会がＣＥＯを選任・解任、少なくとも報酬決定を行っている」（Jensen 2000, p. 2）と述べている。その後の論文では、企業目的に従業員が関わるとする利害関係者論について「多目的は無目的である」と強い批判を行っている（Jensen 2002, p. 237）。

四　現代企業と利害関係者論

一九九〇年代以降、グローバル化の名のもとでアメリカに始まる新自由主義の経済思想が拡大する中、株主価値最大化を企業目的として重視する企業観とそのための企業統治が世界各国に影響を与えるようになっている。日本でも、九〇年代の商法改正を皮切りに、今日の「コーポレートガバナンス・コード（企業統治指針）」の運用や会社法改正に至るまで株主視点の強化に主眼を置くアメリカ型の企業統治改革が進展しているのであり、株主主権の思考が無批判に導入されている。

だが、バーリとミーンズによって経営者支配論が提示された当時とは異なり、現代の巨大株式会社の中心的な株主が個人ではなく、ヘッジ・ファンドを典型とするアメリカの機関投資家であることの影響は看過できない。強い受託者責任の拘束のもと、彼らの関心は専ら高株価・高配当といった目先の金融上のリターンに向けられている。近年では、一定の株式保有に基づき、投資先企業に対して積極的に経営改善を要求し、投資リターンの拡大を図るという「アクティビスト（物言う株主）」としての動きも目立っている。こうした状況のもとでは、株主利益の専一的追求は、その他の利害関係者の利益が「手段的価値」として有用でない限り、「費用」として極限まで引き下げようとする企業行動として表れる。人員整理の強行、雇用創出の抑制、環境費用の回避等、各種利害関係者との利害対立の状況が生じたり、価値創造の機会があるにもかかわらず投資が抑制されたりすることが考えられる。個別企業におけるこれらの行動は、マクロな視点で見れば、大量失業、社会的排除、経済格差の拡大、地球環境破壊といった深刻な社会問題の要因ともなる。

アメリカの主要企業の経営者団体であるビジネス・ラウンドテーブルは二〇一九年八月、行き過ぎた株主価値偏重主義への反省を示し、会社が多様な利害関係者の利益を尊重して事業運営に取り組むこと推奨する声明を発表した。背後には、近年の社会的不平等や環境問題の深刻化と、それを受けて国連のＳＤＧｓ（持続可能な開発目標）やＥＳＧ（環境・社会・企業統治）投資が拡大している実態があるものと思われる。ところが、日本では依然として、従来のアメリカ型の株主主権的な企業統治改革の路線に変更が見られない。一方で、社会的課題への対応や各種利害関係者への倫理的配慮に関しては、経営者の自主性に委ねられているのみであり、制度改革に落とし込むための議論はなされていない。

株主主権論を克服する企業統治モデルは、すでに八〇年代から利害関係者論において提唱されている。[4] ウィリアム・M・エバン（William M. Evan）とロバート・E・フリーマン（Robert E. Freeman）はカントの定言命法に依拠して、「財産権は他者を目的に対する手段として扱う権利を持たない。財産権は個人の尊厳を重視するカントの原理を無視するライセンスではない」（Evan and Freeman 1988, p. 100）と述べ、財産権・所有権の絶対性を否定する。株主は企業活動を取り巻く利害関係者の一つに過ぎず、株主以外の利害関係者も、自分自身の利害に基づく請求権を持っている。企業経営はそれら利害関係者の相互作用によって価値を創造するための手段であり、経営者は中長期の視点に立って対立可能性のある諸利害を調整することで企業それ自体の利益に貢献することが義務づけられるという（Evan and Freeman 1988, p. 104）。

こうした考えのもと、エバンとフリーマンは企業統治をめぐる具体的な制度改革の提言を行っている。例えば、株式会社の取締役会を従業員、顧客、供給業者、株主、地域社会の五つの利害関係者代表と、企業それ自体という抽象的実体（abstract entity）を代表する「形而上的取締役（metaphysical director）」から構成される「利害関係者取締役会（stakeholder board of directors）」へと変革すること、企業内民主主義を保障するために各種利害関係者の権利章典を設けること、会社法において会社を再定義すること等を挙げている。かかる制度改革の主張は一例に過ぎないが、巨大化した現代の株式会社の社会的影響力に鑑みて、経済合理性だけを目指すのではなく、同時に社会的正当性を確保せしめるような企業統治改革の方向性を模索することが課題となる。

（山口 尚美）

注

（1） 「人質」については、Williamson（1996）、第5章に詳しい。

（2） エージェンシー理論の背後には、所有権理論における企業を「契約の束（nexus of contracts）」と見なす企業観がある。アルチャンとデムゼッツの一九七二年の論文 "Production, Information Costs, and Economic Organization" は、チーム労働の成果を、「構成員の成果の合計ではなく、一つのチームによって生じた結果」と見なし、各人の貢献度の測定が困難であることから長期契約を結ぶ必要が生ずるとして、企業の存在理由を説明している。企業では権限と命令による問題処理が行われているとする通説は誤りであり、企業組織内での資源配分も市場取引上の契約と根本的な差異はなく、企業は「契約の束」であるという。Alchian and Demsetz（1972）, p. 777.

（3） 所有権理論の不完備契約アプローチは、サンフォード・グロスマン（Sanford Grossman）、オリバー・ハート（Oliver Hart）、ジョン・ムーア（John Moore）らによって展開される。とりわけ Grossman and Hart（1986）とそれを発展させた Hart and Moore（1990）による。

（4） エバンとフリーマンの利害関係者論に基づく企業統治モデルについては、風間（二〇二〇）を参照。ドイツでも一九七〇年代の企業体制論の分野において、ホルスト・シュタインマン（Horst Steinmann）らが株主以外の利害関係者の経営参加を提案している。詳細は、万仲（二〇〇一）。

第八章　ポーターの戦略論と経営合理性

一　ポーターのポジショニング・アプローチと競争戦略

マイケル・ポーター（Michael Porter）のポジショニング・アプローチでは、市場の構造特性に対応し、自社に有利な状況を作り出すことが企業に競争優位性をもたらすとしている。即ち、市場業界の構造（Structure）が企業のとるべき行動（Conduct）を決定し、企業業績（Performance）をもたらすという意味でＳＣＰフレームワークとして捉えるが、これは、寡占・独占的な市場構造が、企業に超過利潤たる経済的なレントを生じさせるという経済学の考え方を前提としている。とりわけ、ポーターのポジショニング・アプローチはジョー・ベイン（Joe Bain）（Bain 1968）やエドワード・メイソン（Edward Mason）（Mason 1939）の市場構造要因が企業行動を制約するという知見を反映している。しかし、これらの知見は構造が企業行動を制約するのであり、企業の独立した経営行動を捉えていなかった。さらに、組織論の観点からポピュレーション・エコロジー（Population Ecology）のような環境決定論の考え方も反映させている（Spanos and Lioukas 2001）。このように経済学における産業組織論の知見や組織論におけるポピュレーション・エコロジーの考え方は、産業構造の分析にフォーカスしているのであり、その産業における企業の行動やその行動がもたらす企業業績についてあまり考慮がされていなかった（Spanos and Lioukas 2001）。ポーターは業績に影響を与える要因を市場構造要因と企業のポジショニング要因に分けて捉えた（Porter 1991）。市場構造要因をすべて外生的なものとして捉えるのではなく、産業構造要因は企業の業績に影響を与えながらも、他社に対して競争優位な状況を作り出す企業の行動を重視したのである（Porter 1991）。このようにポーターのポジショニング・アプローチは、経済学における産業組織論の考え方を前提としつつ、企業の戦略的選択（Child 1972）のあり方を考慮しているのである。

本章では、ポーターのポジショニング・アプローチの基礎を理論的な観点から捉えていく。ポジショニング・アプローチは、寡占あるいは不完全な市場に企業を位置づけることで超過利潤が得られるとしており、企業の業績は市場の競争状況に大きく左右されることになる。ポジショニング・アプローチは市場構造要因に対して外発的に経済的な合理性を追求するアプローチがとられるが、本章ではこの観点から業界の構造とポジショニング・アプローチの関係について検討する。そして、具体的な企業の業績を決定する業界要因として五つの競争要因とその意義について考察していく。

ポーターは経済的価値を創造しながら、社会的ニーズに応えることで社会的価値も創造する共通価値（Shared Value）創造の戦略を提唱している（Porter and Kramer 2011）。つまり、ポーターの議論が経済的な要因だけではなく、社会的な価値も考慮しながら経営合理性を高める方向へと変化していくのである。この共通価値の戦略についても本章で触れていく。

二　市場構造特性とポジショニング

市場の構造

完全競争市場では、市場内に多数の企業が存在し、市場への参入と退出に伴うコストが低く、さらに市場で取引される財・サービスは同質的なものが想定されているため、企業は自身で需給をコントロールできず、プライステイカー（Price Taker）としての存在となる。企業は製品価格を決定することができないため、市場での標準的利益しか得られず、超過利潤を獲得することはできなくなる（バーニー 二〇〇三）。不完全競争の市場、即ち、独占では一社、寡占では数社しか市場に存在しておらず、企業が生産量と価格をコントロールすることができ超過利潤を獲得することが可能となる。

このことをミクロ経済学の市場における利潤最大化条件の観点から説明していきたい。市場における需要は市場価格が下がるほど増加することになる。完全競争市場では企業は価格に影響を与えることができないプライステイカーであり、価格と限界費用（生産量一単位増産することによる追加費用：平均費用を生産量で微分したもの）曲線とが一致した点で利潤が最大化される（図表8―1の供給量・需要量Q2、財の価格P2の交点）。即ち、限界費用が市場で決まる価格まで増産することが利潤最大化条件となり、それ以上増産すると企業は利潤を得られない（入山 二〇一九、西山

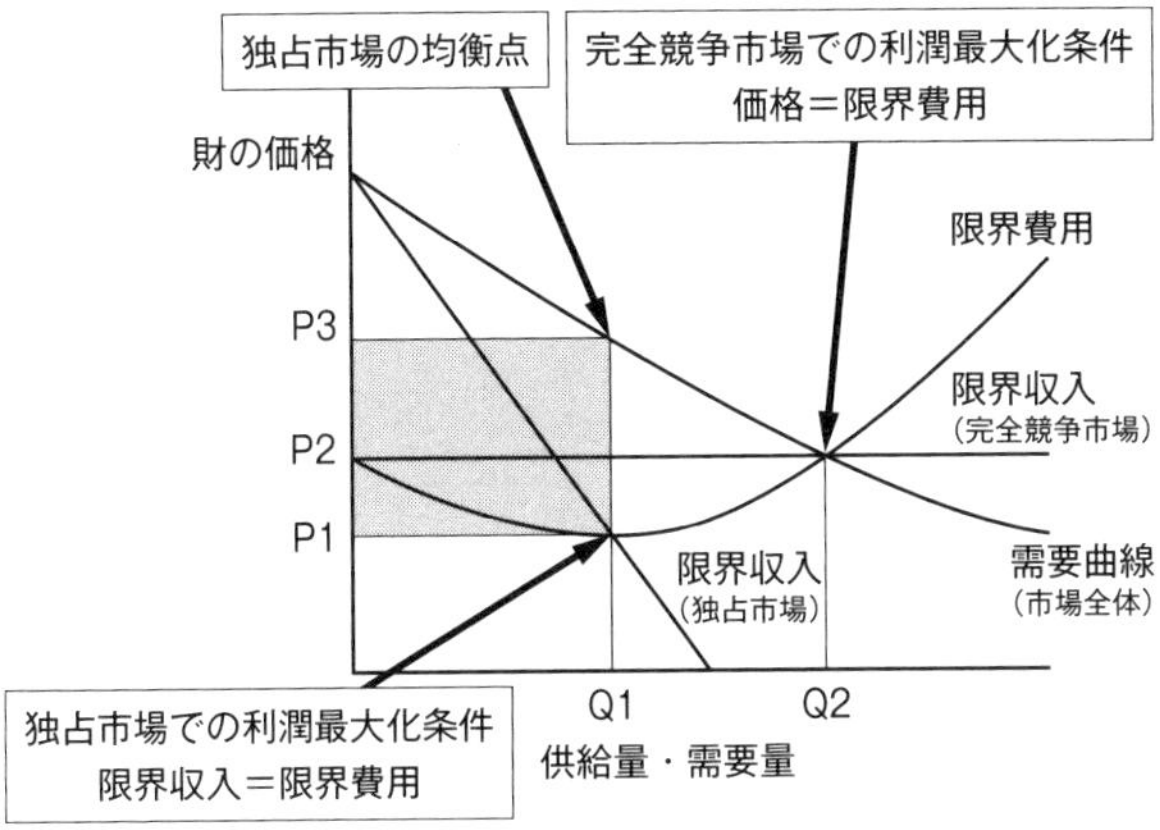

出所：伊藤（2018）と入山（2019）から筆者作成。

図表 8-1　独占市場と完全競争市場の状況

二〇一三）。他方、独占市場では企業は価格を決めることができるプライスメーカー（Price Maker）であり、生産量もコントロールできる。そのため、限界収入（生産量一単位を売却したときに得られる収入の増加分）が限界費用に達するまで生産を行うことが企業の利益最大化行動となる（図表8—1[1]の供給量・需要量Q1、財の価格P1の交点）。しかし、独占企業は価格をコントロールできるため、Q1の供給量であっても価格を限界収入と限界費用の交点であるP1に設定するのではなく、需要に応じてP3とすることができる。つまり、P1からP3へと価格を設定することにより、利潤を確保することが可能になるのである（図表8—1のグレー部が独占企業の利潤に相当する）[2]。このように独占市場では企業が超過利潤を獲得できるということが、ポジショニング・アプローチにおける市場の収益性を考える上で理論的な前提となっている。

次に市場におけるプレイヤーの数が増えることを考

えていく。寡占市場は市場において企業が数社存在する存在である。寡占市場では一社が価格を下げると他社も追随し価格競争に陥り、市場での標準利潤が大きく低下してしまう。このため、寡占市場では各社とも価格を引き下げないインセンティブが働き、各社とも市場内において収益性を確保することが可能となる（入山二〇一九）。

さらに、多数の競合企業が存在する独占的競争市場を見ていく。独占的競争市場では取引される財は同質なものではなく、企業ごとに財・サービスが差別化されていることが想定されており、新規参入は容易なものになってくる。市場における企業の数が増加するため一社あたりの超過利潤が減少していく。理論上はすべての企業の利潤がゼロになるところまで新規参入が起きる（沖津二〇〇一）。図表8―1で示される需要曲線は、新規参入に伴い左にシフトすることになる。この需要曲線に影響を与える要因は新規参入だけではない。ジョーン・ロビンソン（Joan Robinson）は、需要曲線は、企業の数だけではなく、財の代替品の有無に左右されるとしている（琴坂二〇一八）。ロビンソンは市場を越えて代替品が利用可能であることを考えると、企業が市場を独占することは不可能であるとした（Lowell 2011）。ロビンソンが想定したのは不完全競争市場だけではなく、市場の状況が常に変化するということであった。つまり、市場の競合他社の数、代替品の存在のような要因が需要曲線を変化させ、企業の戦略行動を規定することになる。このような経済学の知見は、経営戦略が外部環境を考慮する必要性を示しており、ポーターがファイブ・フォース・タスクを提唱する上で、理論的な基礎を提示しているのである。

持続的競争優位性とバリューシステム

ポーターは外部環境と企業行動、企業業績の関係性について図表8―2のように示している。ポーターは企業経営の成功に繋がる要因をクロス・セクショナル（一時点で捉えた静態的）な環境と時系列（経時点に捉えた動態的）な環境との時間軸に応じた二つの見方から捉えている（Porter 1991）。時系列な環境において、企業の評判や技術、経路依存的な企業活動を初期条件として、企業に好ましい市場にポジショニングすることになる。ポーターはこのポジショニング活動が経営者による戦略的選択であり、外部環境の状況を考慮した継続的なものであるとしている。

ポーターは静態的（一時点的）な環境として市場において企業活動に影響を及ぼす基本的要因（Driver）を捉え、この要因として、

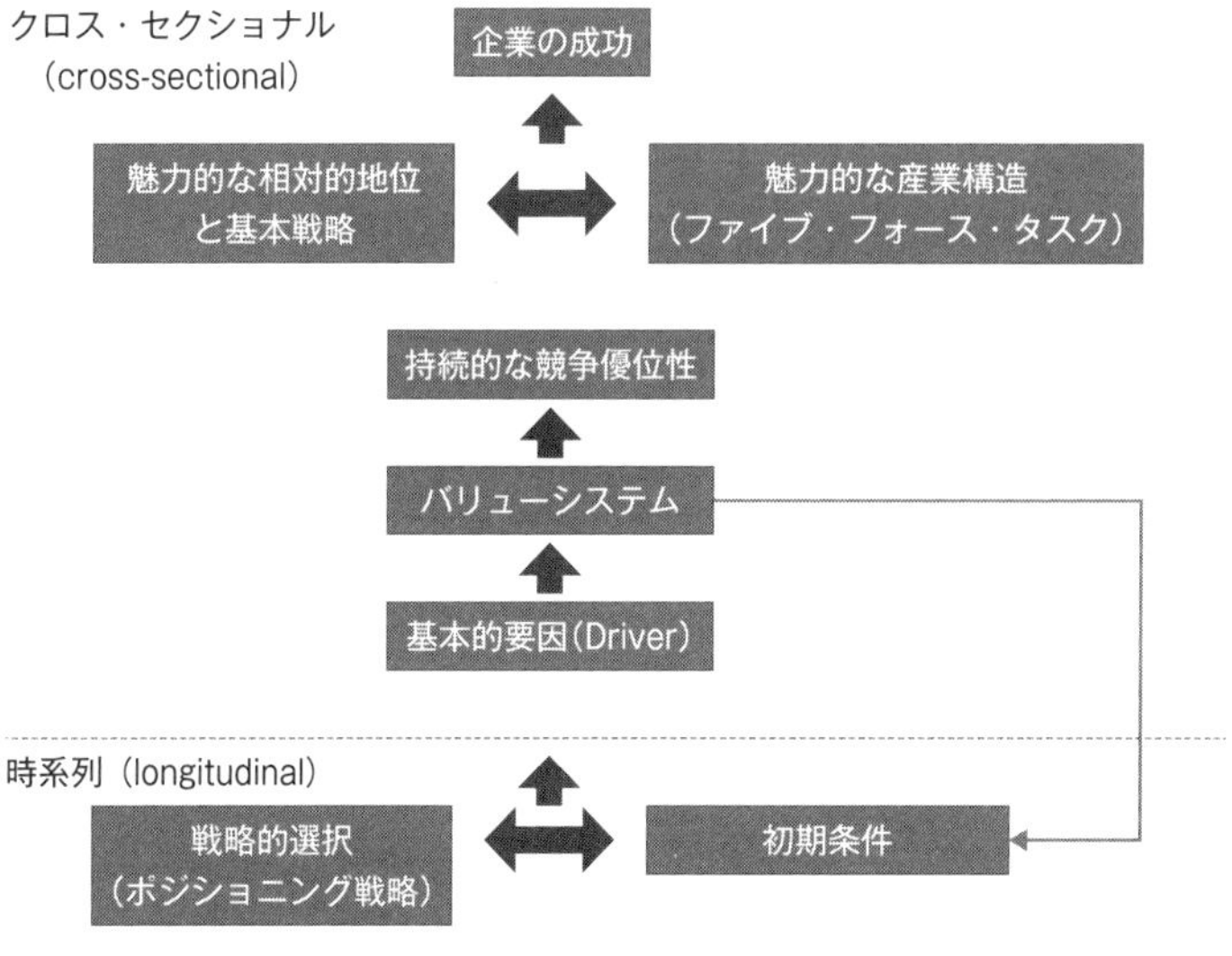

出所：Porter（1991）から筆者作成。

図表 8-2　企業経営への成功要因

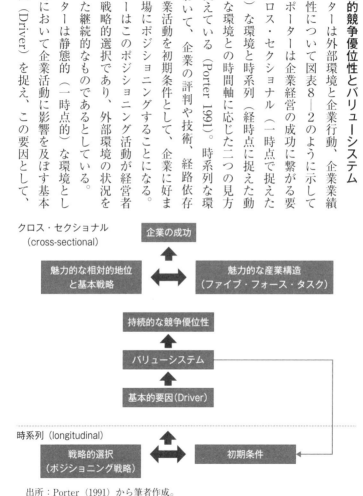

企業の規模（規模の経済）や市場における生産の習熟効果（経験効果の程度）の程度、ビジネスユニット間の繋がり、企業活動への投資、垂直統合の程度から政府の規制などの制度的な要因をあげている（Porter 1991）。持続的な競争優位性は要素市場の不完全性により生じるが、このような基本的要因が市場においてバリューシステムを生み出し、企業による戦略――コストリーダーシップや差別化戦略――の選択に影響を及ぼすのである。

ポーターは、企業の付加価値創造に繋がる活動を価値の連鎖として捉え、バリューチェーンの概念を提唱した。バリューチェーンには、資材調達から製造、物流、販売・マーケティング、アフターサービスにいたる相互に依存した活動が含まれ、このフレームワークにより価値創造プロセスや価値の源泉を把握することができる。ポーターは、各企業のバリューチェーンはバリューシステムと呼ばれる全体の大きな流れに組み

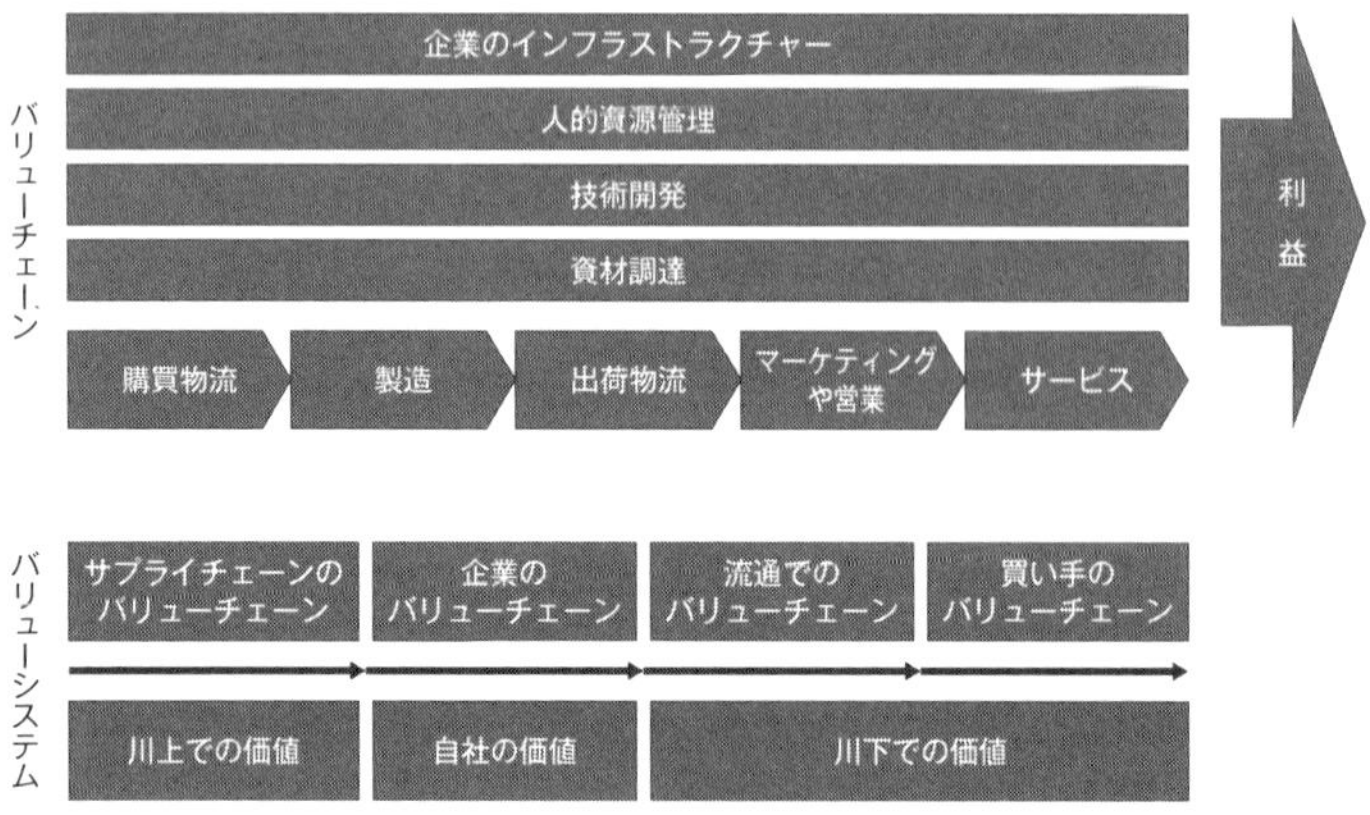

出所：Porter（1991）とポーター（2018）から筆者作成。

図表 8-3　バリューチェーンとバリューシステム

込まれているとする。バリューシステムは各企業のバリューチェーンだけではなく、サプライヤーや流通チャネル、最終消費者のようにすべてのバリューチェーンから構成されている（図表8―3を参照のこと）。バリューシステム内の各バリューチェーンは相互に関係しており、各企業は外部のバリューチェーンと連動し、最適化を図ることで競争優位性を獲得することができるのである（ポーター 二〇一八）。

バリューシステムは企業の戦略の初期条件と関係している（図表8―2を参照のこと）。バリューシステムのあり方は初期条件である企業の戦略活動や組織能力に影響を与え、それにより企業のポジショニング戦略が変化する可能性も出てくる。ポーターは外部環境分析やそれに応じた、とるべき基本戦略を静態的に捉える一方、企業による市場のポジショニング活動（どの市場で戦うのかという戦略的選択）は時間とともに変化するとし、動態的な観点から外部環境と基本戦略との関係を検討しているのである。

ファイブ・フォース・タスクと基本戦略

ポーターは、市場構造要因を所与として、企業のポジショニングという戦略的選択活動を重視した。ポーターは市場の収益性に影響を与える要因としてファイブ・フォース・タスク（Five Force Task：五つの競争要因）を提唱しているが、先述したようにファイブ・フォース・タスクにはロビンソンなど経済学の知見が取り入れられている。ロビンソン（Robinson 1938）は、需要曲線の性質により、企業の価格支配度が変化することを指摘したが、需要曲線の性質は市場における企業の数に影響を受けることになる。即ち、その市場に参入する企業が少なければ、市場における企業の超過利潤は確保できることになる。ポーターは企業の成功につながる基本的要因として規模の経済をあげているが、規模の経済で特徴づけられる市場は生産量が増えるほど平均費用が下がることになる。つまり、生産量の多い大規模企業ほどコスト競争力が増加することになり、超過利潤を得やすくなる（入山二〇一九）。言い換えるならば、市場に新規参入しようとする企業は大規模生産を実現できるほどの資金力や能力を備えていなくてはならない。規模の経済が働きやすい市場では参入するための障壁が高くなるため、そのような市場は大規模企業による寡占状態となり、市場の収益性が高くなる。市場に参入する障壁、あるいは参入するコストが高ければ、既存企業は超過利潤を占有できるのである。

このように、市場の収益性に影響を及ぼす要因として、ポーターは参入障壁の高さに注目した。参入障壁が高ければ新規の企業が参入する脅威が弱くなり、市場の収益性が確保される（Porter 1980）。ポーターは参入障壁の高さを規定する要因として規模の経済や生産量の習熟効果だけではなく、製品差別化や投下資本の大きさ、政府の規制などをあげている。市場において製品差別化された財やサービスが存在すると、参入する企業は既存企業の差別化製品への顧客ロイヤリティーに負けないように製品開発やマーケティングに多大な費用をかけなくてはならなくなる。このような投資はすぐに回収することは難しく、参入に失敗し、撤退することになった場合、埋没費用化してしまうリスクをはらんでいる（Porter 1980）。

自動車市場や半導体市場のように、莫大な研究開発投資や設備投資が必要となるような市場では、後発企業は巨額の初期投資をすることが求められ資金調達も困難となる。これもすぐに回収が難しく、リスクが高いため投下資本が大きいことが市場の参入障壁を高める要因となる（Porter 1980）。また、かつての通信業界のように政府の規制で保護されている市場は参入することが難しくなる。

独占市場から寡占市場、独占的市場や完全競争市場になると市場における企業の数が増加し、企業間の競争関係が激しくなる。ポーターはこのような点から市場における既存企業の間の競争度合いを分析しているが、競争企業の数だけでなく、製品差別化や競争企業の規模とパワー、市場の成長性、撤退障壁の高さが既存企業間の競争度合いを規定するとしている（Porter 1980）。競争企業の規模とパワーが同じようであると各社が超過利潤を獲得しようと攻撃的な戦略を仕掛けてくる可能性がある。市場が成熟化すると、市場での価値は高まらない一方、既存企業間でシェアの奪い合いが起きることになる。このような要因により、既存企業間の競争度合いは激しくなり、市場の収益性が低下することになる。

企業は代替品やサービスの脅威に晒されている。代替品や代替サービスとは既存の製品やサービスと同じ機能や便益を持つ別の製品・サービスのことであり、その製品を持つあるいは、サービスを利用することで既存製品やサービスが不要になってしまうものである（Porter 1980）。例えば、ハードのゲーム機に対するスマートフォンやタブレットが代替品として捉えられ、ハイエンドなゲームを求めないのであれば、スマートフォンやタブレットのアプリで十分ゲームを楽しむことができる。このように、既存の製品やサービスに代替品や代替サービスが登場すると需要曲線の性質に影響を与え（図表8―1の需要曲線が左側にシフトする）、市場での収益性が悪化してしまう。

ポーターはバリューチェーンの観点から企業の材料や資材を供給する「売り手」と財やサービスを販売する「買い手」の交渉力と市場での収益性の関係を考察している。供給業者である「売り手」の市場が特定少数の企業に支配されていたり、そのような売り手が独自の特殊な財を提供していたり、財の差別化の程度が高い一方、それを調達しようとする企業側の重要度が「売り手」にとって高くない場合、売り手の交渉力は高くなり、買い手の企業に対してコスト増を要求してきたりするなど、市場での収益構造が悪化することになる（Porter 1980）。

買い手の企業の規模が大きく、買い手の購買額の売上に占める割合が高い場合、価格や納期などの条件で配慮する必要が出てくる。また、企業の生産する製品・サービスが市場において標準的なものであり、ブランドや機能の面で差別化されていない場合、買い手のスイッチング・コストは低くなり、他社の製品やサービスに乗り換える可能性が高くなる。また、「買い手」が後方統合すると「売り手」である企業は売上が減少するたけではなく、この「買い手」と競争する事態までが生じてしまう。例えば、アパレルメーカーが小売に特化したセレクトショップに商品を卸していたのが、そのセレクトショップが自社製品を開発し、生産を行うとかつての「買い手」が競合企業に変化し、アパレルメーカーの利益が脅かされることになる。このような要因が「買い手」の交渉力を高め、市場の収

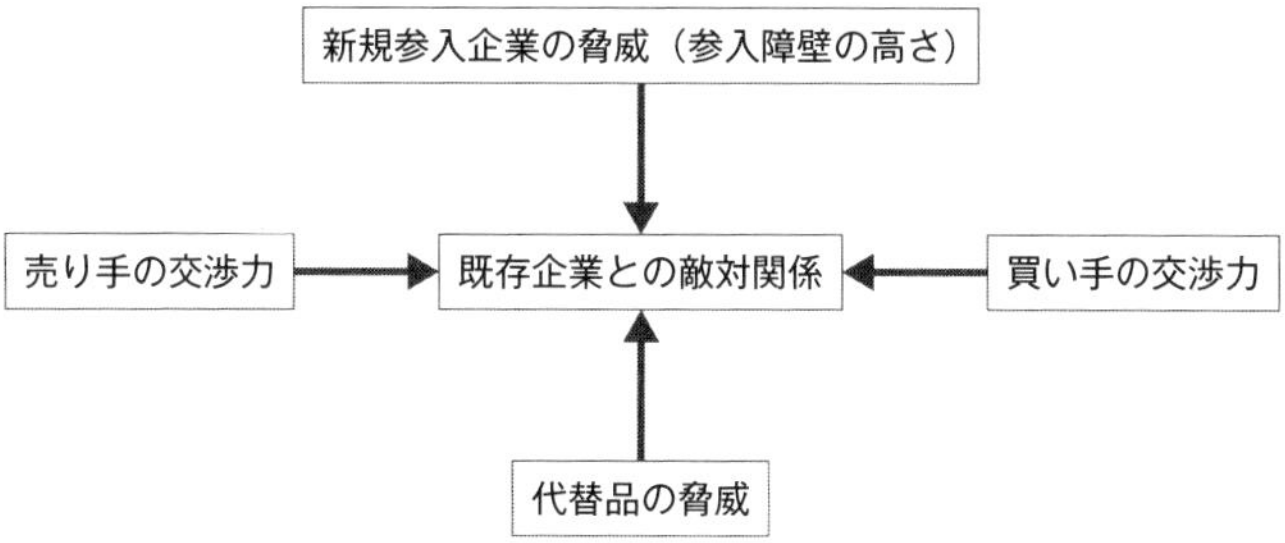

出所：Porter（1980）から筆者作成。

図表8-4　五つの競争要因（ファイブ・フォース・タスク）

益性を悪化させてしまうのである。

以上、ポーターが提唱した外部環境における収益性を規定するモデルであるファイブ・フォース・タスクを見てきた（図表8―4を参照のこと）。ポーターは五つの競争要因に対応する戦略として一般戦略（Generic Strategy）――コストリーダーシップ戦略、差別化戦略、そして、集中戦略――を提示している。

コストリーダーシップ戦略は、業界全体の広い市場をターゲットに他社よりも低いコストで顧客を魅了し、競争優位性を築く戦略である（Porter 1980）。この戦略は企業が生産量を増加させるほど、その活動に組織が習熟し、生産一単位あたりのコストが低減する経験曲線効果の考え方が前提となっている。つまり、規模の経済を働かせることができるか、あるいは、市場における相対的シェアを拡大することで経験曲線効果を高め、低コスト地位を確立することができる。一旦、企業が低コストの地位を確立すると、相手より低コストに生産・販売が可能なため、常に超過利潤を獲得することが可能となる。

差別化戦略は製品の品質や機能、流通チャネル、ブランドなどの点で顧客に違いを認めてもらい競争優位にたつ戦略である。顧客は差別化した製品にロイヤリティーを持つため、価格への感応度が弱くなり、価格を高く設定することで利益率を上昇させることができる。また、差別化した製品は他社から入手することは困難となり、買い手の交渉力を弱めることができ、顧客は製品に対してロイヤリティーを持つため、代替製品へのスイッチング・コストを高めることになる。この結果、平均以上の収益を安定的に企業は確保することができるが、差別化の程度を強めてしまうと、強いロイヤリティーを持つ特定の顧客に限られてしまい、市場シェアを低下させてしまうこともある（Porter 1980）。またコストリーダーシップ戦略と差別化戦略の両立は難しいとされる。これは「スタック・イン・ザ・ミドル」と呼ばれる。ポーターによれば、そこには経済的なトレードオフが存在するからである。コスト優位と差別化優位の両方を追求すると「中途半端」になり、コスト優位を追求する企業よりもコストは下がらず、差別化を追求する企業よりも差別化できないとされる（Porter 1980）。

コストリーダーシップと差別化戦略は幅広い客層を対象にしているのに対して、集中戦略は限られた顧客層に対してコストあるいは、差別化の観点から戦略を遂行するのである。企業の規模が小さく、保有する資源も少ないため、特定の地域、特定の製品、特定の市場など限られた顧客層に対して経営資源を集中した方が効率が良く、平均を上回る収益を得られることになる（Porter 1980）。

企業のとるべき戦略はこのような外部環境の条件に対応したものになる。ポーターのポジショニング戦略の要諦は、市場内で防衛可能な地位をつくり、五つの競争要因で捉えられる企業への脅威にうまく対処し、利益を大きくするための自発的な活動なのである（Porter 1980）。つまり、ポジショニング・アプローチは外部環境要因に適応すべく外発的に経済合理性を高めるための企業の戦略策定に主眼が置かれているのである。

一九九〇年代後半以降、ポーターのポジショニング・アプローチは超過利潤の追求という経済合理性を追求するだけではなく、社会性を考慮したものとなってくる。次節から経済的価値と社会的価値を両立させることを目的としたポーターの提唱する共通価値について述べていく。

三　ポジショニング・アプローチと共通価値

ポーターはマーク・クラマー（Mark Kramer）と競争戦略における社会的価値やＣＳＲ（Corporate Social Responsibility：企業の社会的責任）について研究をしてきた。ポーターとクラマーは、従来のＣＳＲ活動について、企業は「善良な市民」として正しいことに取り組む「道徳的義務」、地域社会と地球環境を保護する「サステイナビリティ」、ステークホルダーから事業活動を承認してもらう「事業継続の資格」、フィランソロピー活動などで企業イメージや評判を高める「企業の評判」に集約されるとしている（Porter and Kramer 2006）。しかし、企業の活動は社会的に悪い影響を与えるものであり、企業と社会は対立関係（トレード・オフ）にあるという考え方が前提にある。このため、このようなＣＳＲ活動は企業の戦略や業務プロセスとは異なって行われており、企業は社会の要求に

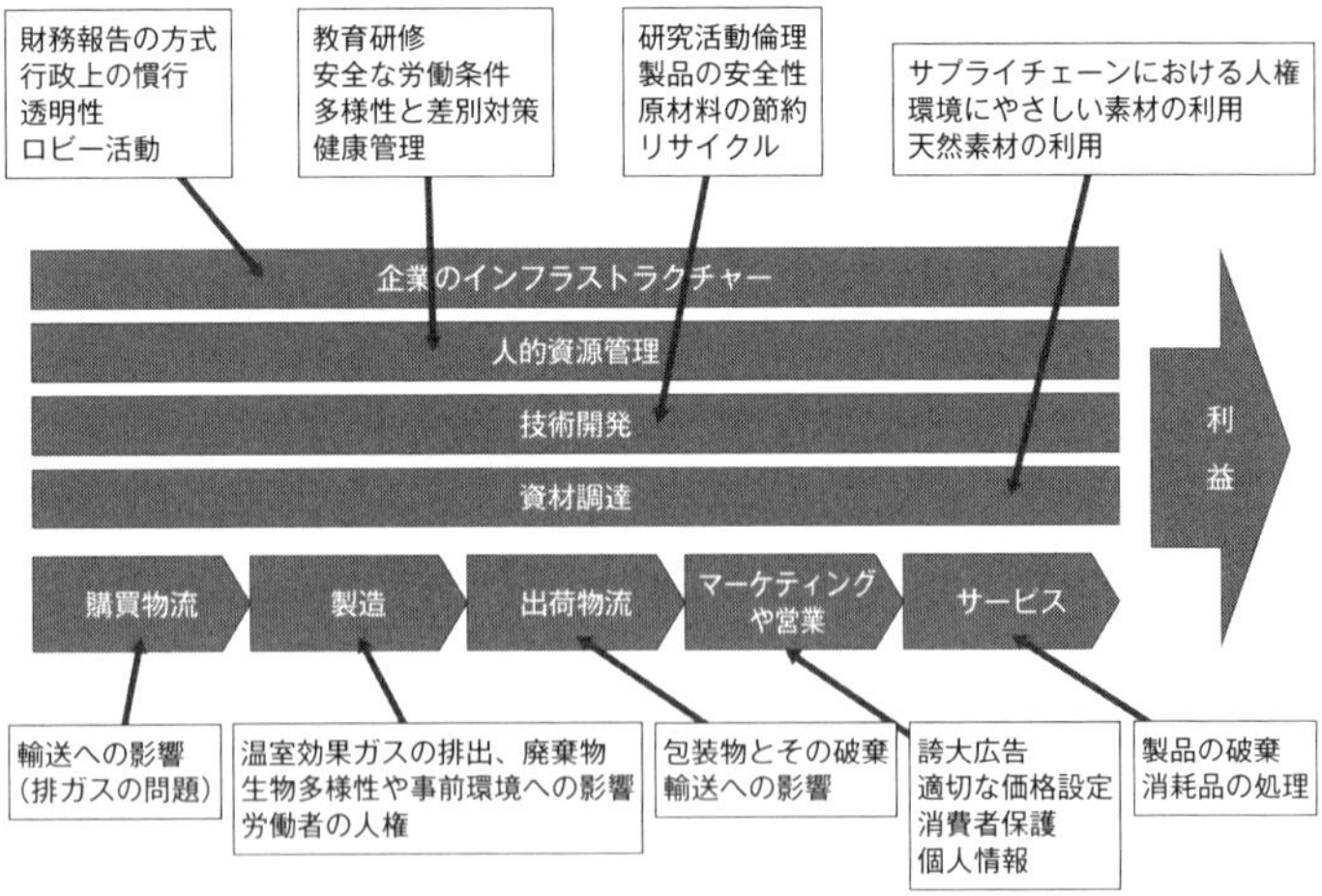

出所：Porter and Kramer（2006）から筆者作成。

図表 8-5　バリューチェーンが社会に及ぼす影響

受動的に対応することになる。ポーターとクラマー（Porter and Kramer 2006）は、企業と社会は相互依存関係にあり、企業の事業活動とCSRが一体化する戦略的CSRの重要性について述べている。

企業と社会の相互作用を考慮しながら、企業と社会との正と負の影響関係を捉え、これに対応した戦略を作成することが戦略的なCSRの鍵となる。ポーターとクラマー（Porter and Kramer 2006）は「企業から社会への影響」と「社会から企業への影響」の二つの点から企業と社会との相互影響の関係を検討した。「企業から社会への影響」を企業のバリューチェーン内の諸活動から考察し（図表8―5を参照のこと）、「社会から企業への影響」を競争戦略と競合他社の関係、地域需要の条件、関連業界と支持業界（その地域における自社を支持してくれる業界）、投入要素（生産

要素）の四つの点からポーターの「国の競争優位の決定要因」の枠組みを用いながら述べている。(3)
このような考察から抽出された社会的問題を「一般的な社会問題」、「バリューチェーンの社会的影響」、「競争環境の社会的側面」から整理している。これら三つの問題に取り組むことで企業と社会の双方に利益をもたらす共通価値であるＣＳＶ（Creating Shared Value）が実現するのである（Porter and Kramer 2006）。つまり、企業の社会的責任（ＣＳＲ）だけではなく、企業の社会的価値を生み出すことが企業の持続的競争優位性を構築する上で重要になってくるのである。

共通価値の概念では、市場は経済的ニーズだけではなく社会的ニーズにより定義される（Porter and Kramer 2011）。ポーターとクラマー（Porter and Kramer 2011）は社会的価値を創造することで経済的価値を創造する方法として「製品と市場を見直す」、「バリューチェーンの生産性を再定義する」、「企業の拠点がある地域を支援する」の三点を挙げている。

「製品と市場を見直す」は社会的ニーズを捉えることで既存市場において差別化や再ポジショニング、新市場創造の可能性を生み出すことである。例えば、インドでは女性の乳がん比率が高い一方、先進国で普及しているマンモグラフィー（乳房エックス線撮影検査）は高価であり、インドの病院ではあまり整備されていない。インドの新興企業のニラマイ・ヘルス・アナリティクスはどこでもあるサーモカメラで患者の熱画像をとり、人工知能が乳がんの部分を温度差から解析する装置を開発した。この装置により、インド女性の乳がん予防に大きく貢献し（日本経済新聞 二〇二〇）、ニラマイ社はＡＩを用いた検査医療器具のあらたな市場を創造し、インドを代表する新興企業に成長した。また、バリューチェーンを社会との関係で見なおすことで共通価値を創造するビジネスチャンスが生まれることがある（Porter and Kramer 2011）。H＆Mは、二〇三〇年までに一〇〇％リサイクル製品またはその他の持続可能な原料を使用することで環境問題や地球温暖化の問題に取り組み（H＆M二〇一六）、経済的価値と同時に社会的価値を生み出している。

「企業の拠点がある地域を支援する」ことは、企業が特定地域や分野のサプライヤーやロジスティクス企業との関係を強化することである。ダイヤモンド・メーカーのデビアスは、人工のダイヤモンドがこの業界で普及する中で、あえてこの生産をせず、天然物のダイヤモンドの品質にこだわり、その製造と販売を行っている。ダイヤモンドは主にアフリカ諸国で採掘、加工されるが、このことはアフリカの地域社会の保護ならびに、発展をもたらすことになった。採掘から加工までの工程における雇用が確保され、地域社会のインフラが整い、地域の発展につながった。さらに、現地の女性に教育や起業家育成支援を行い、女性の自立ならびに、経済の成長に大きく貢献することになった。このように社会的課題やニーズに応えたビジネスを展開することにより、経済と社会の共通の価値の創造につながるのである（Borney and Saviolo 2021）。

このような共通価値について、フィーチャン・ムン（Hwy-Chang Moon）らは、企業の利益（Corporate Profit）と社会の利益（Social Profit）の二軸から整理している（Moon, Parc, Yim and Park 2011）。ムーンらは企業を企業利益も社会利益も低い「愚かな企業（Stupid Corporation）」、企業利益は高いが社会的利益が低い「利己的な企業（Selfish Corporation）」、企業利益が低いが社

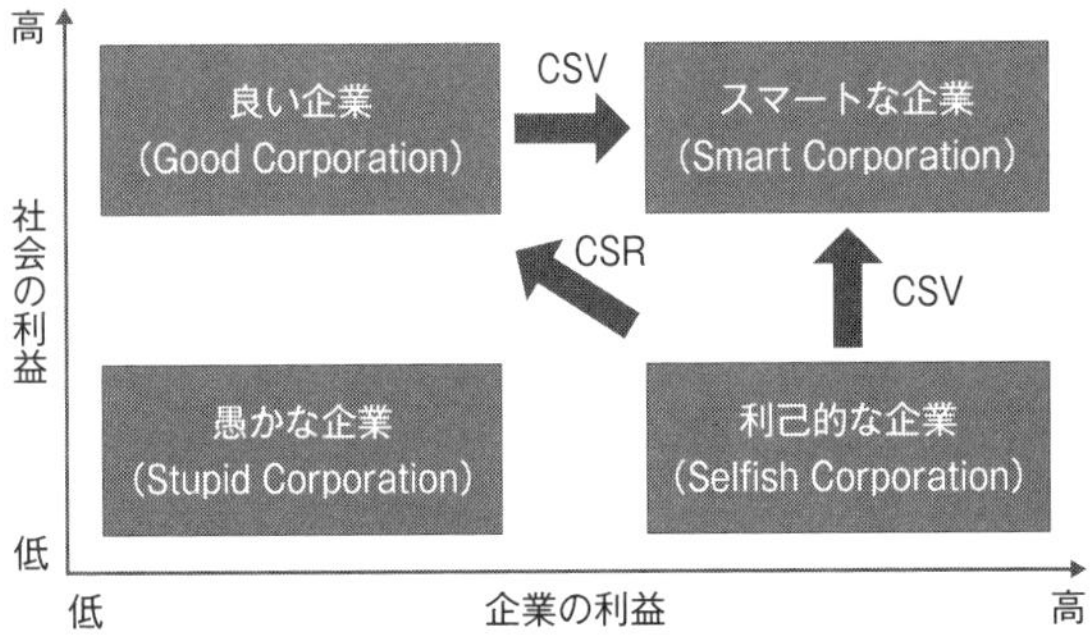

出所：Moon, Parc, Yim and Park（2011）から筆者作成。

図表 8-6　CSR から CSV への進化

会の利益は高い「良い企業（Good Corporation）」、企業の利益と社会の利益がともに高い「スマートな企業（Smart Corporation）」に分類できるとした。「良い企業」と「スマートな企業」との違いは、「良い企業」は価値創造とは関係なく、社会的活動に対する寄附のようなフィランソロピー活動に取り組む企業であり、スマートな企業とは社会的ニーズに応えながら利益や競争優位性を高める活動を行う企業である。仮に「利己的な企業」がフィランソロピーのようにCSR活動に受動的に取り組んでも、この企業は「良い企業」になれても、「スマートな企業」にはなれない。「利己的な企業」も「良い企業」も社会的価値と経済的価値を同時に追求することにより「スマートな企業」になることができる。ムンらは、「スマートな企業」とは企業利益を確保しながらも、社会の利益を高めるためにビジネス倫理を実践する企業であるとした。

四　ポーターの競争戦略論とＣＳＶ経営の意義と限界

ポーターのポジショニング・アプローチは、ファイブ・フォース・タスクにより外部環境を捉えた上で、これに応じた企業のポジショニング活動ならびに、適切な基本戦略を策定することを述べている。ポーターのポジショニング・アプローチに対して、ポーターの業界構造分析は、ある時点における静態的な構造を分析するものであり、要するに要因分析であるとか、外部要因による変化であり、企業の主体的働きかけによる変革ではないといった批判がある。しかし、これまで見てきたようにポジショニング・アプローチは、外発的な経済合理性を追求するだけではなく、また超過利潤を生み出すための静態的な要因分析にとどまらず、その後、現在の企業を取り巻く外部環境を捉えながらも動態的にこの状況を把握しようとしているのである。つまり、企業業績に与える要因を状況決定論として捉える経済学やポピュレーション・エコロジーの考え方とは異なり、企業が取り巻く市場環境における構造的要因を捉えながらも、構造的要因に応じてポジショニングを行い、基本戦略を選択するなどのような企業の主体的な戦略活動の意義を明らかにしたことにポーターの競争戦略論の貢献があるように思われる。他方で、同一市場における企業行動の差異を考察しておらず、バリューチェーン分析により企業の付加価値の源泉、即ち競争優位をもたらす経営資源について考察しているにもかかわらず、競争優位をもたらす資源の異質性を考慮していない。市場における企業のもつ資源やその行動を画一的に捉えたことにポーターの競争戦略論の限界があり、このような点がジェイ・バーニー（Jay Barney）のような資源ベース論の研究者からの批判を招くのである（Barney 1986; 1991）。

ポーターの競争戦略論は、企業と市場の関係から、市場構造特性に応じた戦略のあり方を考察したが、企業と市場の関係だけではなく、企業の社会との相互関係を考慮し、社会的価値と経済的価値を同時に追求するための戦略を探求する総合的な戦略アプローチを提唱している。ＣＳＶの戦略として、社会的課題には大きな収益機会があり、社会的価値と経済的価値の同時追求が競争優位性向上に繋がると述べたことは、経済的価値追求にフォーカスしたこれまでの経営戦略論に一石を投じるものであろう。しかし、ポーターの共通価値の戦略の議論はさまざまな批判に晒されている（岡田二〇一五、高橋二〇一九）。まず、経済性と社会性のトレードオフの問題を過小評価している。つまり、収益に結びつかない社会的な課題には企業は取り組まず、ポーターのＣＳＶの議論はWin-Winの事例しか考慮していない。企業がＣＳＶを意識する一方、それが理想的に体現する単独プロジェクトや小規模な事業活動に取り組むようになり、企業全体でＣＳＶを実現しようとする視点が欠けてしまう（岡田二〇一五）。さらに、経済的価値と社会的価値を融合した新たな複合的な指標が提示されていない（高橋二〇一九）。近年、企業が環境や社会への課題に配慮しているように見せかけるグリーンウオッシュの問題が盛んに取り上げられているが、これは、消費者の環境や社会に対する意識が高まる中、社会的課題に取り組むことで企業の評判を高めたり、収益を上げたりすることにこだわり、ＣＳＶの本来の意義が置き去りにされている。このように、企業が社会的課題に取り組んでいるふりをしたり、収益機会のある社会的課題の取り組みばかりに注意が払われてしまい、本来、企業が果たすべき社会的責任への視点が戦略策定において弱まってしまうこともある。企業の経済活動は社会に包容される（岡田 二〇一五）という考え方をもとに、企業は社会との共生を目指しながらCSVを果たすことが求められるのである。

（西　剛広）

注

（1） ここでは独占市場と完全競争市場の状況から、伊藤（二〇一八）と入山（二〇一九）を参考に独占企業の獲得する利潤について、標準的なミクロ経済学の解釈をアレンジして説明をしている。注（2）で示すように完全競争市場では、企業は価格に影響を与えないプライステイカーであり、供給量を変えても価格は変化しないため、一企業の直面する需要曲線は水平になる。図表8―1では、説明を簡略化するため市場全体の需要量を捉えている。同様に、完全競争市場では限界収入＝価格であるため、供給量が変化しても限界収入曲線は水平となる。

（2） 独占市場と完全競争市場との利潤最大化条件は左記の通り示される。
財の価格：P、生産量：Q、費用：C（Cost）、総収入：TR（Total Revenue）、総費用：TC（Total Cost）、限界費用：MC（Marginal Cost）、限界収入：MR（Marginal Revenue）利潤：πとする。
―独占市場
利潤（π）＝総収入（TR）―総費用（TC）
独占市場では、企業はプライスメーカーであり、価格を支配する力をもっている。そのため、独占企業は生産量に従って価格を決定することになる。企業は利潤（π）を最大化するように行動する。即ち、利潤（π）をQで微分しイコール0が利潤最大化条件となる。

$$\frac{d\pi}{dQ}=\frac{dTR}{dQ}-\frac{dTC}{dQ}=0$$

$$\frac{dTR}{dQ}=\frac{dTC}{dQ}$$ となる。

dTC/dQは生産量一単位増加分のコスト（増産分の一単位当たりコスト）、限界費用であり、dTR/dQは生産量一単位当たりの総収入の増加分、限界収入となる。このように独占市場では、限界費用＝限界収入が利益最大化の条件となる。

―完全競争市場

完全競争市場において企業はプライステイカーであり、自分で価格を決めることができない。価格は生産量に影響を受けないことになる。総収入はＰ（価格）×Ｑ（数量）であり、利潤（π）＝ＰＱ―ＴＣとなる。

独占市場のケースと同様に利潤（π）をＱで微分しイコール０が利潤最大化条件となる。

$$\frac{d\pi}{dQ}=\frac{dPQ}{dQ}-\frac{dTC}{dQ}=0$$

$$\frac{dPQ}{dQ}=\frac{dTC}{dQ}$$

dPQ/dQは生産量一単位当たりの価格である。完全競争市場の利潤最大化条件はＰ（価格）＝限界費用でありdTR/dQは生産量一単位当たりの総収入の増加分、限界収入となる。完全競争市場ではＴＲ＝ＰＱのため、Ｐ（財の価格）＝ＭＣ（限界費用）となり、このことが完全競争市場における利益最大化条件となるのである。上記の式からも示されるように、総収入は価格×生産量（販売数量）であるため限界収入＝価格となる。なお、完全競争市場において、財の価格を引き上げれば需要はゼロになり、個々の企業の直面する需要曲線は一定であると捉えられている（琴坂二〇一八）。

本内容は入山（二〇一九）、マンキュー（二〇一三）、琴坂（二〇一八）、大西（二〇一三）を参照した。

（3）「国の競争優位の決定要因」の枠組みについて詳しくはPorter, M. (1990), *The Competitive Advantage of Nations*, Free

Press.（森本博行訳『国の競争優位（上・下）』ダイヤモンド社、一九九二年）、「社会が企業に及ぼす影響」について詳しくは Porter, M. and Kramer, M. (2006), "The Link Between Competitive Advantage of Corporate Social Responsibility," *Harvard Business Review*, HBR.（森本博行訳「競争優位のＣＳＲ戦略」『ダイヤモンドハーバードビジネスレビュー』二〇〇八年一月号）を参照されたい。

第九章　資源ベースの戦略論と経営合理性

一　資源ベース論の問題意識と概要

資源ベース理論は、企業が保有する経営資源の構築こそがその事業の継続的な競争優位性の源泉であるという考え方である。ＳＣＰ（Ｓ：Structure［構造］、Ｃ：Conduct［行為］、Ｐ：Performance［業績］）モデルに基づくポジショニング・アプローチは、寡占・独占的な市場構造が、企業に超過利潤たる経済的なレントを生じさせるという経済学の考え方を前提としていた。独占的あるいは寡占的な市場、あるいはそうした市場に自社を位置づけることにより競争優位性を確保しようとする（Porter 1980）。この独占的あるいは寡占的な立場を脅かす要因を表したものが、マイケル・ポーター（Micheal Porter）により提唱された、参入障壁の度合い、既存企業の競合度合い、代替品の脅威、売り手の交渉力、買い手の交渉力から構成されるファイブフォース分析である。このファイブフォース分析で示されるように、企業をとりまく市場—製品の構造が企業の収益性を決定することになる（Porter 1980）。

他方で、ハロルド・デムゼッツ（Harold Demsetz）はポーターがファイブフォース分析を提唱する以前に、企業が利潤をあげているのは独占によるものだけではなく、高い効率性を持つ企業が市場を伸ばし、結果的に寡占や独占がもたらされることを指摘した（Demsetz 1973）。また、エディス・ペンローズ（Edith Penrose）は企業の生産的資源の束は企業固有のものであり、その生産的資源は各企業にとって異質なものであると述べ（Penrose 1959）、さらにリチャード・ルメルト（Richard Rumelt）は企業の生産的資源は本質的に異なるとしたうえで、生産資源のコスト効率の差異が経済的なレントに繋がると主張した（琴坂 二〇一八、Rumelt 1984）。

このような研究を背景として、ジェイ・バーニー（Jay Barney）は資源の異質性と資源の移動不可能性が超過利潤たる経済的なレントを生み、このことが企業に競争優位性をもたらすと主張した（Barney 1991）。つまり、ポジショニング・アプローチの同じ市場における企業の資源は同質なものとして捉えられており、企業固有の資源や条件が企業の業績に影響を与えることを考慮していないことを批判したのである。ポジショニング・アプローチが市場での寡占や独占により企業が「独占レント」を追求することを示した一方で、資源ベース理論では独自性・固有性のある資源により競争優位性がもたらされるとする。供給が本質的に限定されている貴重な要素による利潤であるリカーディアンレント（希少な資源を所有することによる比較優位性がもたらすレント）を追求するものと捉えるのである（Collis, Cynthia and Montgomery 1997）。

資源ベース論では、資源の独自性ならびに、固有性により競争優位性がもたらされるだけではなく、独自で固有性のある資源の有効活用、そのような資源を蓄積し、システムに組み込むような資源の埋め込み（資源の専有）、そして、その資源を隔離するメカニズムが考察されている（亀倉二〇〇五）。さらに、近年では、資源ベース論ではＣＳＲ（Corporate Social Responsibility：企業の社会的責任）活動を企業の固有資産として位置づけてサステイナビリティの議論を展開したり、レントの配分の観点からステークホルダーとの関係についても捉えられるようにもなっている。本章では、資源ベース理論の前提や概要を経済合理性の観点から述べた上で、資源ベール論がサステイナビリティやステークホルダーのような社会合理性をも考慮した議論を展開する最近の動向についても検討していく。

二　資源と効率性

資源ベース理論はペンローズとデムゼッツの議論を前提に生まれた競争戦略論である。ペンローズは、企業とは生産資源の束であり、企業の成長は、企業内部の未利用資源の活用により生じるとした。生産資源の束は経営者や従業員のスキルなど多様な要素から構成され企業固有の条件により異なるため、同一の産業において異質なものとなる（Penrose 1959; Barney 1991; 石川 二〇〇五ａ、石川 二〇〇五ｂ、琴坂 二〇一八）。デムセッツは市場において高い業績をあげている企業は効率的な経営をしていると述べた。つまり、収益をあげている企業は効率的な経営をしているからであり、こうした企業は優位性のある資源を効率的かつ効果的に活用していると主張した。企業が不完全競争市場において活動することで生じる独占レントよりも、競争優位性のある資源を保有する企業にもたらされるリカーディアンレントに注目したのである[1]（Demsetz 1973; Barny 1991）。

マーガレット・ペタラフ（Margaret Peteraf）は優れた資源を持つ企業の効率性について、完全競争市場における平均費用（Average Cost）と限界費用（Marginal Cost）との関係から説明をしている（Peteraf 1993）。ここでのモデルでは企業は市場で決定した価格を設定するプライスメーカーであることが想定されている。平均費用とは総費用を生産量で割ったものである、限界費用とは平均費用関数を生産量で微分したものであり生産単位を一単位増加させたときの費用の変化の程度となる。平均費用と限界費用の一致するところが損益分岐点であり、価格と限界費用が一致するところが利潤最大化条件となり、価格と限界費用の一致点を超えて増産すると、企業は利潤を獲得できない。

ペタラフは優れた資源を持つ企業はそれ以外の企業よりも平均費用を低く抑えることができると し、企業はプライステイカーであることが想定されているため、高価格で均衡している場合は、（利潤最大化条件により）低効率企業は価格が限界費用を超える限りは操業を続けることになる（peteraf 1993）。しかし、高コスト企業（非効率企業）は平均費用と価格が一致する損益分岐点（価格＝平均費用）[2]で操業する一方、低コスト企業（高効率企業）は希少な資源によって発生する効率性により、価格が平均費用を上回り（価格＞平均費用）、低い平均費用で操業するため、経済的レントを獲得できるのである（図表9─1を参照のこと）（Peteraf 1993）。ペタラフは優位性のある資源は供給が制

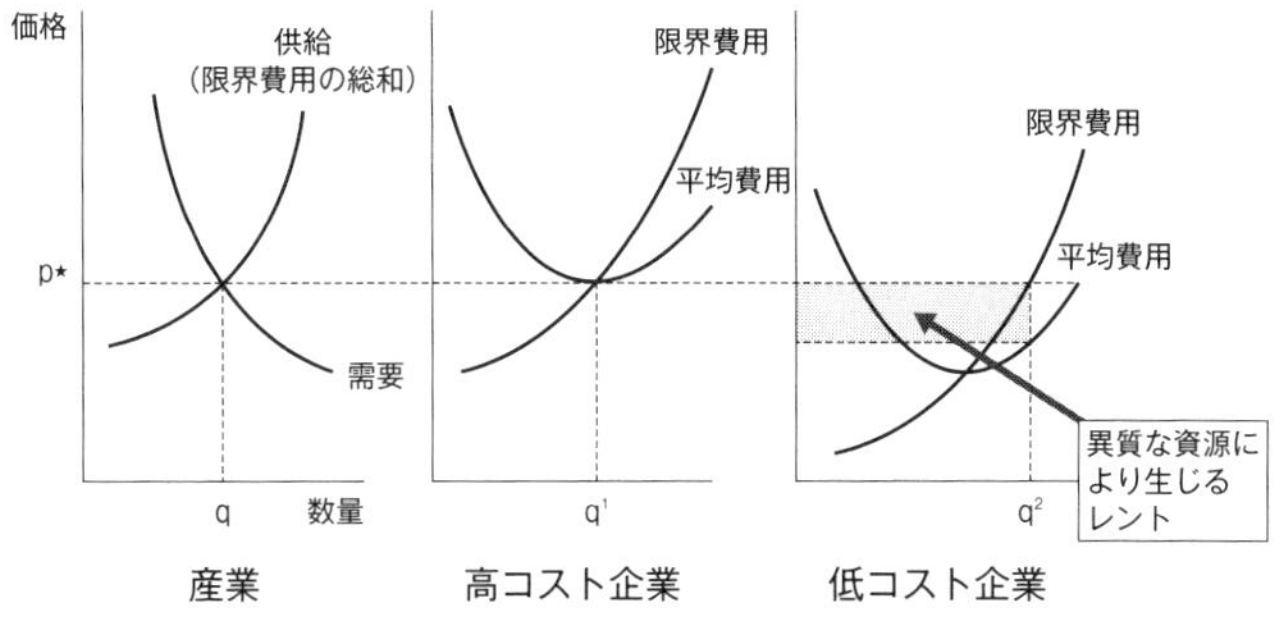

注：P*＝均衡価格。
出所：Peteraf (1993), p. 181.

図表9-1　異質な資源からもたらされる効率性によるレント

限されることが重要であると述べた。効率的な企業はこれら企業の持つ資源が自由に拡散したり、他の企業に模倣されたりしない限り、競争優位性を持続できるとしたのである(Peteraf 1993)。

また、ルメルトは各企業が保有する資源が異なるとし、コスト効率性の差異によって経済的レントが生じる場合、その資源は競争優位の源泉となることを示した（Rumelt 1984; 石川 二〇〇五a）。ルメルトは、この高い効率性は不確実な模倣可能性によって、コスト効率の高い企業に経済的レントをもたらすとし、これを「隔離メカニズム」と呼んだ（石川 二〇〇五b）。隔離メカニズムとは、自社の競争優位の源泉となる資源を、特許などの保護や企業の評判、企業特殊的な取引関係や人脈、従業員の暗黙知や熟練技能により、他社の模倣を防ぐことを意味する（ルメルト 二〇一二）。つまり、企業が資源を専有するメカニズムを捉えたのである。

このように資源ベース理論では、異質な資源を保有することから生じるコスト効率性により企業が競争優位性を確保することを示したのである。バーニーは戦略的要素市場の観点からこのことを検討した。次節からどのような特徴を持つ資源が競争優位性をもたらすのか検討していく。

三　競争優位性をもたらす資源

内部分析の必要性

バーニーは、企業組織において保有する資源を分析する必要性を戦略的要素市場（SFC: Strategic Factor Markets）という概念で説明した。企業の経済的パフォーマンスは不完全競争の製品市場を創出することではなく、戦略を遂行するためのコストに依存するとした（Barney 1986）。戦略遂行のコストを分析するために、戦略遂行に必要な資源を獲得する戦略的要素市場という概念を導入したのである。

戦略的要素市場において資源が同質であり、この資源の将来的価値への期待値が同じ場合、戦略的要素市場は完全競争となり、企業は経済的なパフォーマンスを上げることは困難となる。しかし、各企業が戦略的資源の将来的価値への期待値が異なる場合、戦略的要素市場は不完全競争となり、企業は戦略的資源を獲得し、戦略を実行することで平均以上の経済的パフォーマンスを得ることができる（石川 二〇〇五ａ）。企業は、外部競争環境を分析したり、既に企業が支配しているスキルや能力を分析したりすることで、戦略的資源の将来価値について把握することができるが、外部環境ではどの企業も同じような情報を保有しているため、不完全な戦略的要素市場を分析するには不適切となる(Barney 1986; 石川 二〇〇五ａ)。つまり、バーニーは特異性のある資源や組織能力が戦略的要素市場を不完全なものとしており、この特異性のある資源が競争優位性をもたらすとしたのである。このような観点からバーニーは内部資源の競争優位の分析の研究を進めていった。

内部資源の競争優位性

バーニーは資源の異質性と移動不可能性を捉え、企業ごとに異なった資源の特性を組み合わせが競争優位性をもたらすとした(Barney 1991)。競争優位をもたらす資源の条件として価値(Value)、希少性(Rarity)、模倣困難性(Inimitability)、非代替性(Non-Substitutability)があげられ、この点から内部資源の競争優位性の分析を行うことになる。価値は企業が持つ資源そのものが価値のあるものであるかを考えており、ここでいう価値とは資源が外部環境における機会を捉え、外部からの脅威を中和できる程度で決定される。希少性とは自社で醸成された資源が他社において獲得することができるかということであり、他社において獲得することが難しければ、その資源の希少性は高くなる。模倣困難性とは、その資源を他社が模倣することは困難であることを示している。非代替性とは価値があるような資源が他に存在していないことを意味する。

そして、バーニー(Barney 1991)はこの中で自社の資源を他社が模倣することが困難となる条件を、インゲルマー・デリックス(Ingemar Dierickx)とカーレル・クール(Karel Cool)の所説に依

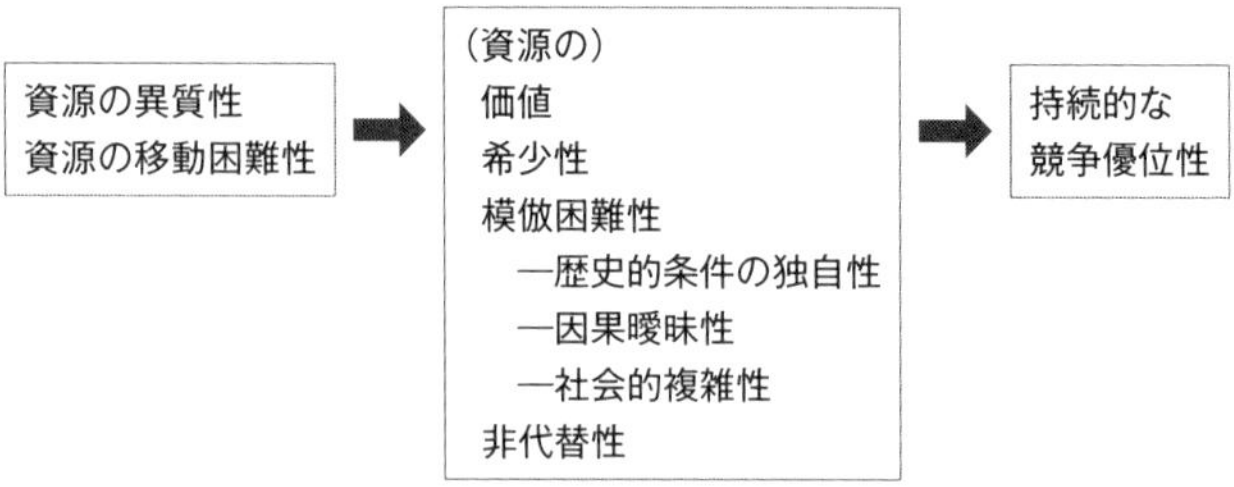

出所：Barney (1991), p. 112.

図表 9-2　競争優位性のある資源の条件とその関係性

拠しながら、歴史的な独自性（historical uniqueness）、因果関係の曖昧性（causal ambiguity）、社会的複雑性（Social complexity）とした（Dierickx and Cool 1989; 入山 二〇一九）。歴史的な独自性とは、ある特定の技術や能力を模倣しようとする場合、時間がかかり模倣することに困難さが増すことを意味している。技術や能力を蓄積してきた歴史的な経路依存性が存在すれば、同じ経路を他企業が辿らねばならず、他社にとってその資源の模倣が困難となるのである。資源の組み合わせが複雑であると、どの資源あるいは、要素が重要であるのか、価値を生み出しているのか把握が難しくなり、他社が模倣しにくくなる。社会的複雑性とは、資源の特性や組み合わせが企業内や企業間の人間関係や社会的関係に大きく依存していることを意味している。かつてデルコンピューターがネットでダイレクト販売を始めた際に、他のパソコンメーカーがこれを模倣したダイレクトモデルをすぐに導入することができなかった。パソコンメーカーが既存の代理店や流通網を構築しており、代理店や流通網との関係の調整に時間がかかり、すぐにダイレクトモデルを模倣することが難しかったのである（Dierickx and Cool 1989）。つまり、資源の異質性ならびに、移動困

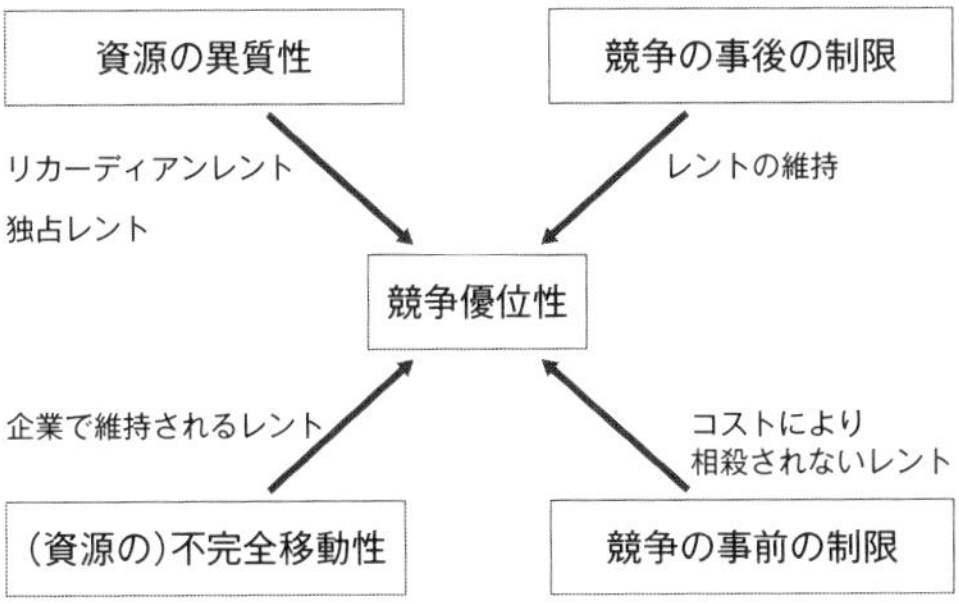

出所：Peteraf (1993), p. 186.

図表 9-3　競争優位性の基盤

難性を前提として、資源の価値、希少性、模倣困難性、代替性の条件が企業の競争優位性を向上させるのである。

さらに、ペタラフ（Peteraf 1993）はレントの隔離メカニズムの観点から、持続的競争優位性のある資源の条件として、資源の異質性と移動困難性だけではなく、競争への制限を考慮した。即ち、ペタラフは資源の異質性、資源の移動困難性である資源の不完全な移動可能性（imperfect resources mobility）に、事前の制限（ex ante limits to competition）と事後の制限（ex post limits to competition）を加えた四つの条件を競争優位の礎石（The Cornerstones of Competitive Advantage）として捉えた。

競争への事前の制限とは、先見の明があったり、運がよかったり、競争のないところで活動したりすることで戦略的資源を獲得し、超過利潤を得ることを意味している。つまり、競争のないところでレントを専有できることを示している（石川 二〇〇五b）。事後の競争制限とは、評判やブランドイメージからもたらされる資源の因果関係の曖昧さや模倣困難性により、競争で経済的レントが分散することを防ぎ、資源を隔離するメカニズムを意味している。競争の事後制限により資源の専有性を高め、独占レントを獲得することになるのである。ペタラフは資源の異質性により、リカーディアンや独占レントがもたらされ、競争の事前的制限により、競争で生じるコストでレントが侵食されることを防ぎ、資源の不完全な移動可能性によりレントを企業が獲得し、競争の事後の制限により、レントが維持されると述べている（Peteraf 1993）（図表9―3を参照のこと）。

四　資源ベース論におけるサステイナビリティとステークホルダー

資源ベース論におけるサステイナビリティの考え方

前節まで述べたように、資源ベース理論では経済的なレントの獲得やその維持を目的として議論が展開されてきた。つまり、経済合理的な視点からレントを確保するための条件を考察したのである。その一方で、スチュワート・ハート（Stuart L. Hart）は内部資源を重視する戦略アプローチが自然環境を重視しておらず、環境汚染など企業活動による外部性を考慮していないことを批判した（Hart 1995）。ハートは企業が競争優位性を追求する活動を内部性と捉え、その内部性には社会的正当性があるべきであると主張し、汚染の防止（Pollution Prevention）、製品責任（Product Stewardship）、持続可能な開発（Sustainable Development）の三つの相互に関連した要因を考慮した環境志向の資源ベースビュー（Natural Resource Based View）のフレームワークを提唱した（Hart 1995）。環境汚染の防止をするために、企業は排出物や廃棄物を最小限に抑えるよう継続的な改善を行うことになる。製品責任は、製品の設計・開発プロセスにおけるステークホルダーの環境への関心に配慮するものである。そのために、製品の環境への影響とライフサイクル・コストを最小限に抑えようとする。持続可能な開発に向けた能力の構築により、企業は長期的な発展が可能となる。

企業は環境汚染の防止に向けた取り組みを行うことで、総合的な品質・環境管理のような継続的な改善活動が組織内に浸透し、企業が社会の情報の透明化を高めようとする。このことで社会の企業に対する監視機能が高まり、企業はさらに総合的・品質管理に力を入れるようになる。環境志向型の製品の製造責任を担うことにより、さまざまなステークホルダーの利害が考慮され、ステークホルダー間の目的を統合（Stakeholder Integration）することが可能になるとした。さらに、持続可能な開発を追求することで共有されるビジョンが企業に形成されることになる。これらの要因がそれぞれコスト低減、競合他社に対する先発的優位性、将来の競争地位の確保につながり、結果として競争優位性がもたらされるとハートは主張したのである（Hart 1995）[3]。即ち、環境汚染の防止、製品の責任、持続可能な開発などの能力は因果関係が曖昧であり、社会的に複雑であり、希少な資源を生み出すとし、社会的に正当な競争優位性を生み出すのである（図表9―4を参照のこと）。

ハートと同様にアビゲイル・マックウィリアムス（Abagail McWilliams）とドナルド・シーゲル（Donald S. Siegel）はCSR（企業の社会的責任）を戦略的な資源と位置づけ、資源ベース論とCSRとの関係を包括的に議論した。マックウィリアムスとシーゲルは、CSR活動を共特化資

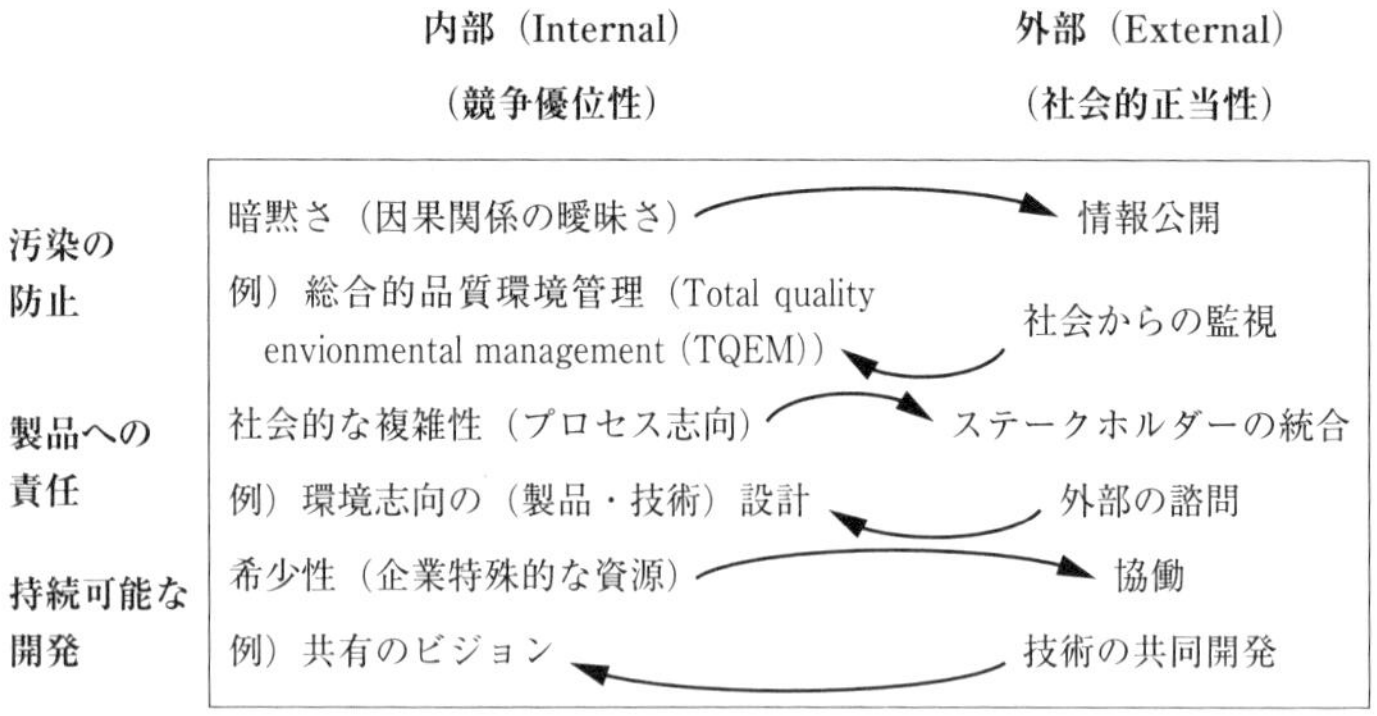

出所：Hart（1995）, p. 999.

図表 9-4　持続的な競争優位性

産（cospecialized asset）として超過利潤を生みだすことができる資源として捉えた（McWilliams and Abagail 2011）。CSR活動がレントを生み出し競争優位につながる一方で、企業の無責任な行動を抑制できるとした。マックウィリアムスとシーゲルはこのことをヘドニック回帰分析（Hedonic Regression）と仮想市場評価法（Contingent Valuation）の点から説明した。ヘドニック回帰分析は製品価格に影響を与える属性を把握する分析であるが、CSRはこの重要な属性となり、CSRを製品への付加価値として捉えているのである（McWilliams and Abagail 2011）。そこで、CSRは付加価値を生み出すが、このCSRに費やされるコストは企業固有な情報であり、そのため、他企業が把握することは困難となる。この点からCSRを模倣困難な資源として解釈したのである。

また、仮想市場評価法とは、アンケート調査により環境保護のために支払っても構わない金額（支払意思額）を調査し、環境防止の価値を測定するものである。この評価にはバイアスが伴い、環境への取り組みに対する客観的な価値測定が難しいが、マックウィリアムスとシーゲルは、このことは評判（reputation）に大きく影響を受けるとしている。CSR活動に従事することで、正のバイアスの影響により企業への評判やブランドイメージが高まり、このことが競争優位につながると述べたのである（McWilliams and Abagail 2011）。つまり、CSR活動による良い評判とブランドイメージは、他社にとっては因果関係が曖昧で模倣困難となる。このように、マックウィリアムスとシーゲルはヘドニック回帰分析と仮想市場評価法を通して、CSR活動を競争優位性につながる企業固有の資源として位置づけたのである。

資源ベース論におけるステークホルダー・アプローチ

バーニーは専有したレントを配分するという観点から資源ベース理論をステークホルダーの議論へと敷衍している。資源ベース論におけるステークホルダー・アプローチでは、さまざまなステークホルダーによりもたらされる生産資源が共特化（cospecialized）することにより、企業固有の資源を生み出し、企業にあらたな価値をもたらすとしている（Barney 2018）。バーニーのステークホルダー・アプローチでは、ステークホルダー間の経営リスクや利害の調整を問題とするのではなく、ステークホルダーにレントの創出に向けて貢献させようとする動機づけを問題としている。この課題に対してバーニーは、不完全契約理論を援用し、共特化に貢献する資源を供給したステークホルダーがレント配分の請求権を保有するとした。株主は企業財産や収益に対する残余財産請求権（residual claim）

を保有する一方、経済的レントを生む資源形成に貢献するステークホルダーはレント醸成の貢献度に応じて固定的な請求権（fixed claim）をもつ（Barney 2018）。つまり、レントの配分の正当性をこの請求権に求めている。請求権を持つさまざまなステークホルダーにより生み出される生産資源が共特化することにより、企業固有の資源を生み出し、企業にあらたな価値をもたらすとしているのである。

バーニーはすべてのステークホルダーが必ずしもレント醸成に貢献しておらず、レント醸成に貢献したステークホルダーに対してのみ（創出された）レントを配分することが、ステークホルダー論で議論される利害調整の問題を回避することができるとしている。バーニーのステークホルダーに関する考え方は、ステークホルダーとの関係における倫理的課題を解決し、ステークホルダーと調和することを考慮することではない。ステークホルダー間における利害のコンフリクトはレントの配分により解決するものと考えており、企業の意思決定に影響を及ぼす、すべてのステークホルダーを考慮するフリーマンら（Freeman et al. 2010）の利害関係者論とは一線を画するものである（Barney 2018）。

ハートは、CSR活動を社会的正当性の観点からレント創出に貢献する資源として捉えた。また、マックウィリアムスとシーゲルはCSR活動により企業の評判が高まり、この評判という無形資産がレントを生み出すとした。バーニーはレント創出に貢献するステークホルダーへの適切なレントの配分が持続的な競争優位性を維持できると考えたのである。資源ベース理論におけるサステイナビリティやステークホルダーに関する議論は、社会的正当性の追求や社会での評判という点で価値的な要素を含んではいるが、このような価値的な要素が模倣困難で市場価値のある資産形成に貢献するのであり、あくまでも経済的レント創出という目的を達成するための道具的なものである。つまり、資源ベース論では経済的合理性の追求の範疇でサステイナビリティやステークホルダーの議論がなされているのである。

五　資源ベース論と企業価値

資源ベース論とはレントの専有のあり方を考察したものであり、そのレントを専有するためとして資源の異質性や移動不可能性などを中心とした条件が捉えられた。さらに、この企業固有の資源という観点から企業のサステイナビリティやCSR活動を解釈し、資源ベース理論はサステイナビリティやステークホルダーの議論へと展開されている。

しかし、前節で述べたように、資源ベース論は経済合理性を追求したものであり、ステークホルダーとの関係性も社会的合理性を捉えたものではない。このような資源ベース論の課題は、より資源を動態的に捉えるダイナミックケイパビリティ論により克服されている。ダイナミックケイパビリティは環境の変化について経営者が感知し、適合するようオーディナリーケイパビリティ（企業内の資産や資源をより効率的に扱う企業の通常能力［菊澤 二〇一九］）を再編し、企業を変革することである。そこで既存資源が共特化することにより、ダイナミックなケイパビリティが生まれてくるが、そこではさまざまな利害関係者により企業価値を共創するという考え方である（菊澤 二〇一九）。資源ベースはレントの形成・配分を前提として、経済合理性の観点から資源の共特化を捉えるが、ダイナミックケイパビリティはさまざまな利害関係者による価値共創により形成されるという点で、ダイナミックケイパビリティ論は価値合理的な含意があるように思われる。

（西　剛広）

注

（1）亀倉（二〇〇五）は企業固有の資源が生まれる源泉のレントとして資源の優劣を捉えるリカーディアンレントだけでなく、資源の有効活用より生じるパレート・レント（Pareto rents）、資源の企業内に蓄積し、システム的に埋め込む専有可能な準レント（Appropriable quasi-rents）を捉えており、さらに特許制度や施術のブラックボックス化により資源を隔離することでレントを維持する必要性を指摘している。このことは後述するペタラフ（Peteraf 1993）の隔離メカニズムとも親和性のある議論である。

（2）経済学ではMC（限界費用）＝AC（平均費用）の一致点を損益分岐点としているが、ペタラフ（Peteraf 1993）は平均費用＝価格の点から損益分岐点を説明している。

（3）ハートはその後、環境に配慮した資源ベースビューを改訂し、環境汚染と製品責任と同時に、クリーンテクノロジー（Clean Technology）とBOP（ベース・オブ・ピラミッド：Based Of Pyramid）から成るモデルを構築している。詳しくは、Hart, S. and Dowell, G. (2011), "A Natural-Resource-Based View of the Firm: Fifteen Years After," *Journal of Management*, Vol. 35, No. 5, pp. 1464-1479. を参照されたい。

第四部　対外的・社会的合理性の追求

第一〇章　イノベーション研究と経営合理性

一　経営合理性とイノベーション

本章の目的は、イノベーション研究において「経営合理性」がどのように捉えられてきたのかをイノベーション研究の展開との関連の中で明らかにすることである。「経営」とは「永続的な目的的行為」（ウェーバー　一九七二、八五頁）である。したがって、企業の経営合理性の追求を経営行為における目的合理性の貫徹として理解できる。マックス・ウェーバー（Max Weber）によれば、今日の合理化の進展により我々の行為は魔術や呪術に代わり「技術と予測」によって導かれるに至った（ウェーバー　一九三六、三三頁）。即ち企業の経営行為を導き、その合理性を基礎づけるものは「技術と予測」に他ならない。経営合理性の貫徹が「技術と予測」に依存することは、経営行為に「確定性と確実性」を要請する。他方で人間の「限定合理性」と環境の複雑さから、組織は不確定性と不確実性に直面する（トンプソン 一九八七）。それゆえ経営合理性の貫徹は、不確定性と不確実性に直面して経営行為の確定性と確実性を確保しようとする試みとして理解される。

ヨーゼフ・A・シュムペーター（Joseph A. Schumpeter）はイノベーションを「新結合」として概念化した（シュムペーター 一九七七、二二四頁）。「新結合」とは産業や企業の「創造的反応」であるが、こうした「創造的反応」は「既知の客観的事実とそこに存在する因果関連のみをもって、客観的、論理的もしくは直接には到達できない」（大河内 一九七九、一八七―一八八頁）という特性を備える。即ちイノベーションは本質的に不確実性を内在する経営行為であり、こうした不確実性の存在は、「技術と予測」に基づく経営合理性の追求を困難にする。本質的に不確実性を伴うイノベーションにおいてなお「確定性と確実性」を要請せねばならないというアンビバレンス、ここにイノベーションと経営合理性の追求の問題性が存在する。

以上の問題認識に基づいて、本章ではまずイノベーション研究の史的展開を概観し、その問題関心の変遷を経営合理性との関連において検討する。そのうえで特にイノベーションのマネジメントの観点からイノベーション研究とそこにおける合理性志向の関連性について明らかにする。

二　イノベーション研究の展開――中核的研究による概観――

　第二次世界大戦は科学的知識と技術の関係に関する従来の見方に顕著な変化をもたらし、技術開発、イノベーションへの科学的知識の活用を促進した（Price and Bass 1969）。戦後、冷戦構造が形成されるなか一九五七年のスプートニクの成功は米国に強い危機感をもたらし、自国の技術的優位の確立と維持が米国の重要な政策的課題となった（Fagerberg and Verspagen 2009; Fagaerberg, Fosaas and Sapprasert 2012）。ただイノベーションに関する学術論文は一九六〇年以前においてはほとんど見られず、一九五〇年代末から六〇年代初頭にかけて増え始めるものの（Fagerberg 2005）、この時期の研究はケネス・J・アロー（Kennth J. Arrow）やリチャード・R・ネルソン（Richard R. Nelson）といった経済学者によるものであった（Arrow 1962; Nelson 1959; Fagerberg and Verspagen 2009）。

　一九六〇年代半ばからイノベーションに関する学術論文の件数は本格的に増加し始めるが、その契機となったのは一九六五年のサセックス大学における科学政策研究ユニット（Science Policy Research Unit: SPRU）の設立であった（Fagerberg 2005; Fagerberg and Verspagen 2009）。六〇年代半ばから七〇年代、ＳＡＰＰＨＯ（Scientific Activity Predictor from Patterns of Heuristic Origins）をはじめとする数多くの学際的な研究プロジェクトがここで推進された(1)。

ヤン・E・ファガーバーグ（Jan E. Fagerberg）らによれば、イノベーション研究論文の件数は一九七〇年代、八〇年代を通じて着実に増加する（Fagerberg 2005; Fagerberg and Verspagen 2009）。一九八〇年代にアメリカを中心に、国の経済成長や競争力が当該国の企業のイノベーション能力に依存することが強く認識されるようになり、これに対する問題関心は一層強まっていったといえよう[2]。一九九〇年代において論文件数は一層増加し、二〇〇〇年代もその勢いは衰えず活発に研究が展開されている（Fagerberg 2005; Fagerberg and Verspagen 2009）。

さて、ファガーバーグらは研究史における「中核的文献」に注目することで、イノベーション研究の展開を明らかにしている（Fagaerberg, Fosaas and Sapprasert 2012, pp. 1146-1147）。彼らは、「ハンドブック」を対象に文献データベースを構築し、ハンドブック各章の引用回数から一三〇の「中核的文献（core literature）」を抽出し、これらについてキーワードや被引用雑誌の学問的志向性などの特徴を変数としてクラスター分析を行った。

ファガーバーグらの分析によればイノベーションの「中核的文献」は三つのクラスターから構成される。第一に研究開発、技術、イノベーションの経済的側面をテーマとする文献による「研究開発の経済学（Economics of R&D）」、第二にイノベーション、組織、セクターや産業、企業に焦点を置く「イノベーションの組織化（Organising Innovation）」、第三に「イノベーション」と「システム」に焦点を当てる「イノベーション・システム」である（Fagerberg, Fosaas and Sapprasert 2012, p. 1141）。

ファガーバーグらによれば、一九五〇年代から七〇年頃にいたる研究史の初期の局面においては「研究開発の経済学」の研究が支配的であった。ここにおいては国家競争力や経済成長の推進力として注目され始めたイノベーションをいかに効果的に促進するかという政策的な合理性が志向されていたといえよう。

一九七〇年から八〇年代前半においても「研究開発の経済学」が隆盛を極めるものの、八〇年代後半に「イノベーションの組織化」研究が急速に成長し、一九九〇年以降には研究の中核を形成するに至った。ファガーバーグらのこうした分析結果に基づけば、この時期に政策的な観点からも企業によるイノベーションに対して研究の焦点が置かれるようになり、それがこうした発展を促したといえよう。ここで研究の問題関心は企業におけるイノベーションをいかに促進、実現するかという経営合理性を強く志向することとなったと解釈できる。

一九八〇年代末には国や地域の発展におけるイノベーションの役割や政策課題に焦点を当てる「イノベーション・システム」研究が行われるようになり、九〇年代にさらに成長を示している。ファガーバーグらのこうした分析から、ここで経済全体におけるイノベーションの役割やイノベーションによる利益を社会が十分享受し得る制度や政策に関心が向けられるに至り、イノベーションにおける経営合理性の追究が社会的連関において捉え直されるようになったと解されよう。

三　イノベーション・プロセスのモデル化と経営合理性

イノベーションにおける経営合理性の追究はいかにイノベーションをマネジメントするかという課題に関わる。ティッドらによればイノベーション・マネジメントの課題はイノベーション・プロセスの適切な構造化と効果的な行動パターンの開発にある（ティッド・ベサント・パビット二〇〇四、二四頁）。研究史を見ると前者はイノベーション・プロセスのモデル化として、後者はイノベーションの成功要因の研究として展開されてきた。まず前者の展開とそこに見られる合理性志向の変化について検討しよう。

研究の初期においてイノベーション・プロセスは「線型モデル」として概念化された（Price and Bass 1969; Kline 1985; Kline and Rosenberg 1986; Godin 2006）。線型モデルは二〇世紀初頭から戦間期を経て六〇年代にかけて形成され（Godin 2006）、イノベーションは合理的に統制可能なプロセスとして捉えられた（Price and Bass 1969）。当初イノベーションは研究開発、生産、マーケティングに至る直線的で一方向の「技術プッシュ」プロセスとして捉えられたが、一九六〇年代に市場ニーズの重要性が認識され始め、「ニーズプル」のプロセスとして認識された（Kline 1985; Rothwell and Zegveld 1985）。

技術プッシュにせよニーズプルにせよ、すでに一九六〇年代には線型モデルは単純化され過ぎているとして批判された（Price and Bass 1969; Kline 1985; Kline and Rosenberg 1986; Godin 2006)。こうした批判を踏まえステファン・J・クライン（Stephan J. Kline）とネイサン・ローゼンバーク（Nathan Rosenberg）はイノベーション・プロセスに伴う複雑性や不確実性を考慮した「連鎖モデル」を提示した（Kline 1985; Kline and Rosenberg 1986）。連鎖モデルでは、イノベーションは「市場発見」、「発明と分析的設計」、「詳細設計と試行」、「再設計及び生産」、「流通とマーケティング」が逐次的に連係する「中心的連鎖」のほか、各段階間のフィードバックや多様な相互連鎖による五つの経路を通じて実現される。ここではイノベーション・プロセスは合理的な線型ではなく複雑で多様な経路を取り得るのであり、試行錯誤と学習を通じて不確実性に対処し得るものとされた。

また、ロイ・ロスウェル（Roy Rothwell）は一九六〇年代以降のモデルの史的展開を検討し、九〇年代の技術変化に対応するイノベーション・プロセスをモデル化している（Rothwell 1992, p. 236)。ロスウェルによれば技術プッシュとニーズプルの線型モデルはそれぞれ「第一世代」、「第二世代」のモデルであり、六〇年代から七〇年代前半に支配的であった。一九八〇年代前半、「相互作用的結合モデル」が提示され（Rothwell and Zegveld 1985）、「第三世代」のモデルとして八〇年代後半まで支配的となった。ここではイノベーション・プロセスは逐次的であるがフィードバック・ループを伴うものとして捉えられ、技術プッシュとニーズプルの組み合わせ、研究開発とマーケティングの連係、調和が重視される。

八〇年代後半に「第四世代」となる「統合モデル」が提示され、イノベーションは逐次的なプロセスから、統合型開発チームを通じた研究開発と試作、製造などの並行的なプロセスとしてモデル化された。八〇年代、研究開発と製造の間の統合ならびにサプライヤーや最先端顧客との緊密な連携、戦略的提携など水平的な企業間協働が重視され、統合モデルの発展はこうした動向を反映するものであった。

さらにロスウェルは九〇年代の情報通信技術（ＩＣＴ）の発展を踏まえて「第五世代」として「システム統合ネットワーキング・モデル」を提示した。ここでイノベーションは完全に統合された並行開発プロセスによるとされ、最先端の顧客との戦略的連携の強化、主要サプライヤーとの戦略的統合、共同研究、共同マーケティングなどの水平的連携がプロセスの要素となり、柔軟性や開発のスピード、品質など非価格要因が重視される。ロスウェルのモデルにおいてイノベーション・プロセスは組織境界を越えたネットワーキング・プロセスとして捉えられており、今日の「オープン・イノベーション」（Cheshrough 2003）に連なるものと見られる。

イノベーション・プロセスのモデルは合理的に統制可能な単純な線型モデルからより複雑で不確実性を考慮したオープンかつ統合的なプロセスへと発展してきた。こうしたモデルの展開の過程はイノベーションの合理的なプロセスの追究が、企業の内的な論理に基づく手段的合理性から、複雑で予測し得ない要因、とりわけ消費者ニーズや技術など企業外的な社会的要因の作用をプロセスに組み込むことを通じて実現され得るものと捉えられるようになったことを示しているといえよう。

四　イノベーションの成功要因の探索と経営合理性

研究史を振り返ると、一九五〇年代後半から七〇年代半ばにイノベーションの成功要因を探究する研究が活発に行われた（Rothwell 1974; 1977）。なかでもクリストファー・フリーマン（Christopher Freeman）らによるＳＡＰＰＨＯプロジェクトはその代表である（Freeman 1973; Rothwell 1974; Rothwell et al. 1974; Freeman and Soete 1997）。これはイノベーションの成功と失敗の試みについて比較分析を通じてその特徴的な行動パターンを特定することを目的とするものであった。

フリーマンとともにＳＰＲＵでプロジェクトを主導したロスウェルは、ＳＡＰＰＨＯを含むイノベーションの成功要因に関する諸研究の知見を総合的に検討した（Rothwell 1977, 1992; Freeman and Soete 1997）。ロスウェルによればイノベーションのプロジェクトの成功は次のような八つの要因によって特徴づけられる（Rothwell 1992, pp. 223–224）。第一に組織内外の良好なコミュニケーションの確立、外部の科学的・技術的ノウハウの供給源との効果的な連携である。第二に、イノベーションを企業全体の課題として捉え効果的な機能統合を実現することである。

第三に、綿密な計画策定とプロジェクト管理を実施すること、第四に開発業務の効率化と高品質の生産の実現である。第五に強い市場志向であり、ユーザーのニーズを重視し効率的な顧客との結びつきを形成し、潜在的ユーザーを開発プロセスに参加させることである。第六に必要に応じて顧客トレーニングを行うなど優れた技術サービスを顧客に提供することである。

第七にカギとなる特定の個人、即ちプロダクト・チャンピオンや技術的ゲートキーパーが存在することである。第八に経営の質の高さ、即ちダイナミックなオープンマインド、有能な管理者や研究者を惹きつける能力、人的資本の開発へのコミットメントを備えていることである。

イノベーションの成功に関して特に市場と技術が重要な要因であり、それらの結合が重要となることはすでにフリーマンにおいても認識されていたが（Freeman 1973; Freeman and Soete 1997）、市場と技術のダイナミズムの解明とそうしたダイナミズムへの適応という課題の探求は今日までイノベーション研究の重要な論点となってきた。

市場的要因に関しては、七〇年代後半から八〇年代にフォン・ヒッペル（Eric von Hippel）はイノベーションの「機能的源泉」がメーカーに限らず多様であり、とりわけ「ユーザー」がイノベーションの成功にとって重要な役割を果たしていることを明らかにした（von Hippel 1988）。こうした研究成果は後の彼の「イノベーションの民主化」の議論、さらには今日の「オープン・イノベーション」研究の展開に繋がるものといえよう（Cheshrough 2003）。

他方、技術的要因については、リチャード・R・ネルソン（Richard R. Nelson）とシドニー・G・ウィンター（Sidney G. Winter）は先駆的にイノベーションにおいて技術発展の「自然軌道（natural trajectories）」が重要となることを指摘し（Nelson and Winter 1977）、キース・パビット（Keith Pavitt）は「供給者支配型」、「生産集約型」、「科学基盤型」といった産業分野別のイノベーションの類型論を展開した（Pavitt 1984）。

またウィリアム・J・アバナシー（William J. Abernathy）とジェームズ・M・アッターバック（James M. Utterback）は、支配的製品デザイン（dominant product design）の発展に伴ってイノベーションの在り方が変化し、漸進的なプロセスイノベーションが急進的な製品イノベーションと同等かそれ以上の商業的重要性を有することを指摘した（Abernathy and Utterback 1978）。さらにアバナシーらは消費者嗜好と技術の変化に伴い「イノベーションの焦点が既存のコンセプトの改善からそのコンセプト自体を破壊するような変革に移ってゆくと、イノベーションは再び価値をもつようになる」という「脱成熟化の論理」を明らかにした（アバナシー・クラーク・カントロウ 一九八四、五四頁）。これは、技術の内在的な発展の論理のみならず先導的イノベーターとしての企業の戦略的な論理が「破壊的技術」による消費者ニーズと技術の関係の変化への適応を困難にさせるという今日の「イノベーターのディレンマ」（クリステンセン 二〇〇〇）の議論に連なるものであったといえよう。

イノベーションの成功要因の探究はより確実な成功を規定する諸条件を明らかにするという点で合理性志向に基づくものであった。しかしながらその当初から明らかにされてきたのは、イノベーションの成功が消費者ニーズと技術の相互関係、その変化のダイナミズムに対する理解とそれらへの適応に依存するということであった。即ちイノベーションの成功という経営合理性の貫徹が、消費者のニーズ、市場と技術の相互関係の変化といった事業の社会的文脈を意識して初めて実現されること、いわば社会的合理性が志向されることによって可能となることが明らかにされてきたと解釈することができる。

（山中 伸彦）

注

（1） ＳＰＲＵがもたらしたもう一つの大きな貢献は *Research Policy* 誌の発刊であった（Freeman et al. 1972）。同誌は一九七二年に発行され、以来イノベーション研究の主要雑誌として位置づけられている。

（2） 例えばダートウゾス他（一九九〇）、ポーター（一九九二）の研究は産業の生産性や国家競争力がイノベーションの担い手としての企業活動に依存するという問題関心に基づいているといえよう。

第一一章　企業の社会的責任論と経営合理性

一　世界でのＣＳＲの拡がり

今日我々の日常生活でも見られる多くの社会問題が、企業の社会的責任（Corporate Social Responsibility，以下ＣＳＲ）活動によって解決されるようになっている。例えば、大手通信事業者のＫＤＤＩは、過疎化で悩む地方をＩＣＴ技術で活性化し、住民の生活の利便性を上げている。飲料の製造・販売等を行うサントリーグループは、コロナ禍に、工場で蒸留したアルコールを医療機関に提供する支援を行い、人類の健康に寄与している。空調機と化学製品メーカーのダイキン工業は、女性活躍推進に取り組み、ライフイベントを経験する女性従業員に対するキャリア支援、女性管理職の推進、男性の育児休暇取得などを促進し、世の中のジェンダーと働き方に関わる問題の解決を目指している。

実はＣＳＲは世界中の多くの先進諸国で行われている。Ｇ７の主要国であるアメリカでは、政府セクターの役割が比較的小さく企業セクターの裁量が大きい。このため、ＣＳＲの推進に関わって、企業による投資家に対する説明責任やビジネスマンによる慈善活動、企業ごとの人材教育と労働に関する戦略の策定が積極的に行われている（Matten and Moon 2008）。二〇一九年に、S&P５００社の九〇％の企業がサステイナビリティレポートを発行している（Governance & Accountability Institute 2020）。アメリカの企業の地域貢献額も四兆八三一〇億ドルに上る（Brammer and Pavelin 2005）。

他方、ヨーロッパは企業ごとのCSRの推進の背景に、国家レベルでの取り組みの進展がある。二〇一五年に国連総会で採択された「持続可能な開発目標（Sustainable Development Goals）」のインデックスも高い（Sachs et al. 2021）。中でも、同じくG７の主要国で、貿易および名目・実質GDPが欧州域内では首位のドイツは、環境税の導入や温暖化ガスの排出量、再生エネルギーへの転換など、ヨーロッパ域内でだけでなく世界の環境問題に影響を与えてきた。二〇一四年に施行されたEUのCSR指令以降には企業でも、持続可能性の加速のため非財務情報および多様性情報の開示を行うことが要請されている（Global Compact Netzwerk Deutschland 2018）。また欧州連合からの離脱などヨーロッパ域内での影響力を持ち、早くからコーポレート・ガバナンス（Corporate Governance）問題の取り組みで世界を牽引しているイギリスでは、二〇一二年のスチュワードシップ・コード（Stewardship Code）が、イギリス企業に対しガバナンスのみならず環境と社会にも考慮した投資を行う要請を行った。これに伴い、企業による持続可能性への配慮が一層進んでいる（Financial Reporting Council 2020）。

翻って、二〇二三年にG7サミットを開催予定の日本は、一九七〇年代の高度経済成長期の重化学工業化によりイタイイタイ病や四日市ぜんそくなど公害問題が深刻となり、また一九九〇年代のバブル崩壊期に企業不祥事が頻発したため、国家レベルでのCSRへの取り組みが進んでいる。二〇〇三年のCSR元年以降も、国全体でのCSRの推進の加速に伴って、企業経営においてCSRの実践が定着してきている。

このようにCSRは多くの地域との調和、社会からの監視もしくは国レベルでの支援などを得て実現される社会課題活動であるため、序章で分類された「社会的・外発的合理性追求」に含まれるといえる。この前提を基にして、今日の営利企業がどのように経済活動に社会的活動を組み込んでいるかは一般的な社会的関心事となろう。第一一章の目的は、CSRに関わる先行研究のうち主に学術文献引用データベース（Web of Science）での引用件数の多い論文もしくは経営学分野での近年のトップジャーナル掲載論文とフィールドトップ論文を用いて、世界のCSRをめぐる主要議論（歴史、モチベーション、企業業績との関連など）を概観する。最後にコーポレート・ボランティアの事例を紹介し、合理性の観点からCSR活動を考察する。

二　CSRをめぐる理論と実際

資本主義社会における企業のCSRは、約五〇年以上前からその必要性とともに議論されている。

アメリカにおけるＣＳＲの父といわれるハワード・Ｒ・ボーエン（Howard R. Bowen）は、著書*Social responsibility of the businessman* の中で、アメリカの企業の経営者たちは、事業の継続と繁栄を目指すにあたって、事業の直接的な関係者だけでなくすべての関係者に対する義務を持つべきであると主張している（Bown 1953）。他方、ミルトン・フリードマン（Milton Friedman）は、「企業の唯一の責任は利益を生み出すことであり、偽りや不正のないオープンで自由な競争を行う限り、資源を使用し、利益を増加させるための活動に従事することである」と主張している（Friedman 1970）。こうした論争を経て、アーチー・Ｂ・キャロル（Archie B. Carroll）のＣＳＲのピラミッドは、世の中に商品やサービスを提供する主体としての経済的責任（Economic Responsibilities）、利潤追求活動を行うにあたっての基本的ルールの遵守を求める法的責任（Legal Responsibilities）、倫理的責任（Ethical Responsibilities）、慈善的責任（Philanthropic Responsibilities）と分類している。とりわけ倫理的責任と慈善的責任の重要性が増しており、社会的規範や倫理的規範の遵守し、良き企業市民となる点、および博愛精神を持ち、経営者と従業員による地域社会におけるボランティア活動および慈善活動への参加をする点が強調されている（Caroll 2003）。

企業と社会との関係性について理論的に掘り下げたエリザベート・ガリガ（Elisabet Garriga）とドメナ・メーレ（Domènec Melé）の研究によれば、ＣＳＲには四種類のアプローチがある（Garriga and Mele 2004）。第一は、企業は富を生み出す道具であり、それが唯一の社会的責任であると考える道具的理論（Instrumental theory）である。当該理論は、ＣＳＲを利益獲得のための単なる手段として理解しているため、道具的理論と呼ばれる。具体的は、エージェンシー理論に代表される株主価値の最大化、リソース・ベースト・ビューやダイナミック・ケイパビリティに代表される競争優位の獲得、社会的活動を通した製品の差別化を行う因果関係を重視した企業のマーケティング活動(Cause-related marketing)。他にも、ビジネスと社会の間の相互作用とつながりに所以する政治的理論（Political theory）や、ビジネスは社会的側面を統合すべきであると考える統合理論（Integrative theory）、企業と社会の関係には倫理価値観が埋め込まれているという倫理的な義務理論（Ethical theory）が紹介されている。

J・G・フティナス（J. G. Ftynas）とカミラ・ヤマハキ（Camila Yamahaki）の研究では、一九九〇年から二〇一五年までに出版された一一五本の査読付き論文と四四五本の査読なし論文をレビューし、CSRを説明する理論の傾向を明らかにしている（Ftynas and Yamahaki 2016）。その結果、現在のCSRの理論化の主流は、CSRの外部要因に関連する理論（ステークホルダー理論や資源依存理論など）が主流であり、内部ダイナミクス（資源ベース理論やエージェンシー理論）に関してはあまり発展していないことを示している。とりわけ、ステークホルダー理論（Stakeholder Theory）が圧倒的に多い。

ステークホルダー理論とは、ロバート・E・フリーマン（Robert E. Freeman）によれば、企業経営に関わる広範なステークホルダーを取り込みながら戦略的経営を行う考え方である（Freeman 1984）。ステークホルダーとは、図表11―1のように所有者や顧客、アドボカシー・グループ、競争

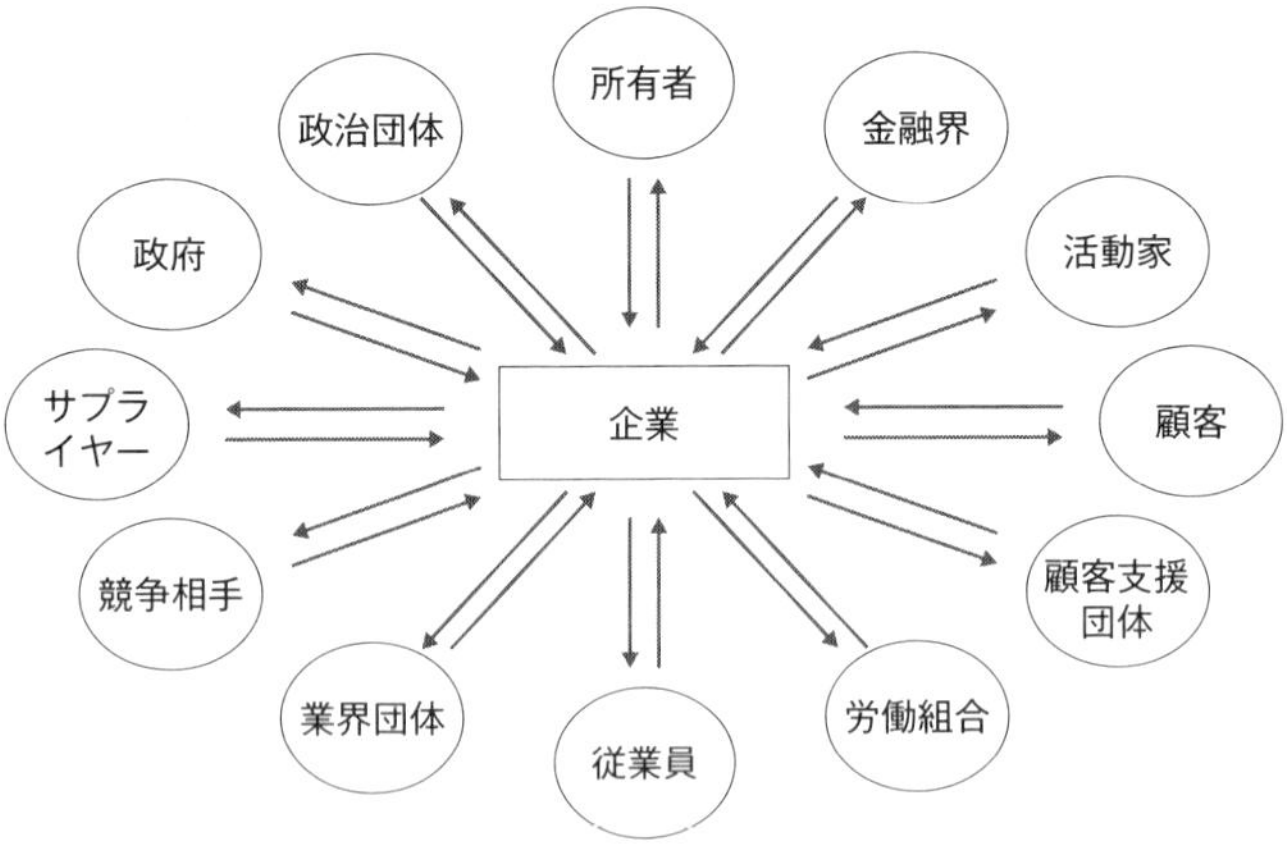

出所：Freeman (1984), p. 25.

図表 11-1　フリーマンのステークホルダー理論

相手、サプライヤー、政府などを指す。その後、ステークホルダー理論の精緻化とともに、投資家や従業員、顧客、サプライヤーといった企業活動にとって直接的なステークホルダーだけでなく、政府やコミュニティ、商工協会など広域なステークホルダーを等しく意識した経営を行うべきとの主張がなされた。その上で、ステークホルダー理論のアプローチとして、観察された記述を正当化する「記述的（Descriptive）」、ステークホルダー・マネジメントと企業業績との間に関連性があることを示す証拠を指摘する「道具的（Instrumental）」、個人やグループの「権利」、「社会的合意」、「功利主義」などの基本的な概念に訴える「規範的（Normative）」という三要素が互いに入れ子になっていると言及している（Donaldson and Preston 1995）。

経済活動の進展に伴い、ＣＳＲ活動も多岐にわたってきた。ＣＳＲの定義を分析したアレキサンダー・

ダルシュルッド（Alexander Dahlsrud）によれば、環境の次元、社会的次元、経済的次元、利害関係者の次元、自発性の次元の五次元のうち、五つの次元をすべて含む定義が八つ（全体の四〇％）あり、さらに興味深いのは、三つ以上の次元を含むと三一の定義（全体の九七％）を占めている（Dahlsrud 2008）。ただしCSRの定義を追求しても、現象の中にある課題をどのように管理するかという指針を示すことができないため、ビジネスの課題としてはCSRを定義することではなく、CSRが特定の文脈においてどのように社会的に構築されているかを理解し、ビジネス戦略を策定する際にこれをどのように考慮するかが肝要であると主張している。

日本企業の場合、東京財団が二〇一七年から二〇一八年にかけて東証一部上場企業を中心とした約二五〇〇社に郵送したアンケート調査（回答数二八八社）によれば、日本企業が重点的に取り組んでいる社会課題は、「経済成長・雇用」、「健康・福祉」、「気候変動・災害」といった順である。具体的な取り組み内容数としては、「調達、製造、物流などといった事業プロセスや雇用・人事管理を通じた社会課題解決」および「社会課題解決に直接的に寄与する製品・サービスの研究開発や販売を通じた社会課題解決」が圧倒的に多く、「金銭や物品の寄付、無償提供、社員のボランティア参加などといった社会貢献活動を通じた社会課題解決」の倍近くとなっている（東京財団政策研究所二〇一八）。つまり、事業活動の延長でCSR活動を行う傾向が強く、事業活動には直接の関係が強くない社会問題への解決についてはコストの面などからやや難しいと理解できる。

三　ＣＳＲと企業のパフォーマンス

企業のＣＳＲに関する行動を分析し、その行動パターンを地域別に比較する研究がある。ダーク・マッテン（Dirk Matten）とジェレミー・ムーン（Jeremy Moon）の研究は、「暗黙のＣＳＲ」を、企業がステークホルダーの問題に対処するための（義務的・慣習的な）要件となる価値観、規範、ルールから構成されており、個人的な観点ではなく集団的な観点から企業のアクターの適切な義務を定義している。他方、「明示的なＣＳＲ」は、社会的関心事に対して責任を負うことを明確にする企業政策であり、具体的に、社会的価値と事業価値を組み合わせ、企業の社会的責任の一部として認識される問題に対処する、企業による自主的なプログラムや戦略からなる。そのうえで、地域の比較として、欧州には、独特の暗黙的なＣＳＲの要素が残っているだけでなく、新しい明示的なＣＳＲにも各国の制度的枠組みが反映されていると主張する（Matten and Moon 2008）。要するに、欧米のＣＳＲはアメリカのＣＳＲのように暗黙的ＣＳＲから明示的ＣＳＲに替わってきているものと捉えている。さらに他の先進国に目を向けると、日本や、程度の差こそあれ韓国や台湾のビジネスシステムは、ヨーロッパのものとかなり似ているとされている（Whitley 1999）。その特徴は、高い銀行や公的所有権、家父長制と長期雇用、市場ではなく長期的なパートナーシップに基づく調整・管理システムとされる。日本の石油会社、韓国の財閥、台湾の（ほとんどが国営の）コングロマリットは、

図表 11-2　グローバルなサステイナブル投資資産額の推移の地域・国別比較

地域	2016	2018	2020
ヨーロッパ	12,040	14,075	12,017
アメリカ合衆国	8,723	11,995	17,081
カナダ	1,086	1,699	2,423
オーストラリアとアジア	516	734	906
日本	474	2,180	2,874
合計（USD billions）	22,839	30,683	35,301

注：ヨーロッパとオーストラリアはサステイナブル投資の定義が変更されているため、推移額の比較ができない。

出所：Global Sustainable Investment Alliance (2021), p. 9.

ヨーロッパの企業と同様に暗黙のCSRを行っており、終身雇用、福利厚生、社会サービス、健康管理などを幅広いビジネスシステムの要素として含んでいる（Global Sustainable Investment Alliance 2021）。

「ESG」とは、二〇〇四年に国連事務総長のコフィ・アナン（Kofi Atta Ann）氏の呼びかけに応じて二〇の金融機関が発表した報告書の中で使われていた頭文字をとっている。その意味は、企業や投資家が環境（Environment）・社会（Social）・ガバナンス（Governance）への配慮をビジネスモデルにどのように組み込むかである。CSRは、従来、企業がより社会的責任を果たし、よりよい企業市民となるための活動を意味している。この二つの用語の違いは、ESGはガバナンスを明示的に含み、CSRは環境や社会への配慮に関連して間接的にガバナンス問題を含むという点である。したがって、ESGはCSRよりも広い意味を持つ。

図表11―2で示されるように、二〇二〇年には、ヨーロッパ、アメリカ合衆国、カナダ、オーストラリアとアジア、日本といっ

た五つの主要な市場で合計三五・三兆ドルものサステイナブル投資額があった。地域ごとに見ると、ヨーロッパおよびアメリカの投資額は二〇二〇年にそれぞれ約一二兆ドルと約一七兆ドルに達している。日本は、二〇一六年の約四七四〇億ドルから二〇一八年の約二・二兆ドル、二〇二〇年の約二・九兆ドルへと伸びている。その飛躍の背景には主に、政策・規制面での推進力が重要な役割を果たしているといえるだろう。例えば、二〇五〇年までに日本の温室効果ガス排出量を実質ゼロにする施策の一環としての、経済産業省をはじめとする各省庁による、二〇二一年導入の「二〇五〇年カーボン・ニュートラル達成によるグリーン成長戦略」、金融庁、経済産業省、環境省が共同で二〇二一年に発表した「気候変動ファイナンスに関する基本ガイドライン」および金融庁による「ソーシャル・ボンドに関するワーキング・グループ」の設置と「ソーシャル・ボンドに関するガイドライン」の発表、東京証券取引所の「コーポレートガバナンス・コード」および「投資家と企業の対話のためのガイドライン」の二〇二一年改正に伴う、気候変動や人権など持続可能性に関するトピックの検討開始、金融庁による二〇二〇年にスチュワードシップ・コードの改訂に際してのＥＳＧ要素を含むサステイナビリティの言及および上場株式以外の資産へのコードの適用がある（Global Sustainable Investment Alliance 2021）。

一九五〇年代以来、ＣＳＲの研究のムーブメントは、その概念の変化とともに進展してきた。リー（Min-Dong Paul Lee）によれば、ＣＳＲのマクロ社会的効果の議論から、ＣＳＲが財務パフォーマンスに及ぼす影響についての組織レベルの分析へと徐々に移行した（Lee 2008）。またステュアート・L・ギリアン（Stuart L. Gillan）らの研究では、二〇〇六年以降にコーポレート・ファイナンスの研究分野でESG／CSRを定量分析した論文のレビュー中で、どのような指標が説明変数もしくは被説明変数として用いられながらESG／CSRが分析されているかをまとめている（Gillan, Koch and Starks 2021）。主な説明変数としては、「会社の地域市場の特性」、「会社のリーダーシップ」、「所有」があり、主な被説明変数としては、「リスク」と「パフォーマンス」がある。一定の結論として総じて、「会社の地域市場の特性」がESG／CSRスコアに影響を与える。総じて、「取締役の属性」など進取的であるほど、ESG／VSRスコアが有意に高い。総じて、「機関投資家の所有権」が企業のESG／CSRスコアと正の関係である研究もあれば、両者の関係が負の関係である研究もある。機関投資家のエンゲージメントはESG／CSRスコアと正の相関がある。総じて、企業のCSR／ESGへの取り組みの結果、「信用格付けなどリスク」は下がる。また最近では、ESG／CSR属性に対する投資家の選好が「株式や負債といった企業の資本コスト」に与える影響を分析した研究が増えており、総じて、負の影響を与える。さらに、カロライン・フラマー（Caroline Flammer）によって、アメリカの上場企業におけるCSRに関する株主提案が財務パフォーマンスに与える影響の因果関係を検証するために、二七二九件のCSRの株主提案を用いた自然実験が行われ、株主総会で僅差でCSR提案が可決された企業は僅差で否決された企業と比べ株主価値が一・七七％有意に増加したり、CSR関連議案の可決は営業成績（総資産利益率、純利益率、株主資本利益率）にプラスの影響を与えたりすることが明らかになった（Flammer 2015）。

四　ＣＳＲを通じた企業の認知度の向上
――コーポレート・ボランティアの事例――

最後に本章では、ステークホルダー理論で強調された、多くのステークホルダーとの調和のみならず企業のパブリック・イメージの向上を可能とする手段としてのＣＳＲとして、コーポレート・ボランティア（Corporate Volunteer もしくは Employee Volunteer）を取り上げて、ＣＳＲの持続可能性について検討する。

コーポレート・ボランティアの定義については明確に定まっていないが、メリー・チシュハート（Mary Tschirhart）は、公式・非公式の方針やプログラムを通じて、従業員が雇用主の支援のもと、地域社会でボランティア活動を行うことを可能にするものと定めている（Tschirhart 2005）。ジェシカ・ローデル（Jessica Rodell）らの研究（Rodell et al. 2016）は、ボランティア活動が従業員主導で行われるのか、雇用者が定義して組織化するのか、また、会社の時間に行われるのか、自分の時間に行われるのかなどによって定義が異なると厳密な指摘をしている。日本でも、「従業員が自発的、主体的にボランティア活動に参加することで、社会課題解決に寄与する」（厚生労働省雇用環境・均等局職業生活両立課 二〇二〇）との趣旨でまとめられている。具体的な施策としては、企業が従業員を被災地や貧困、教育、社会的孤立など社会的課題に直面している地域（組織）に派遣し、パートナーを組む団体との連携を持ちながらボランティアを行うことになろう。ＥＳＧの観点からも、環境・社会・ガバナンスのいずれのパフォーマンスにも寄与する要素を持っている。アメリカの場合、就職活動市場において、求職者からコーポレート・ボランティアの有無が意識されているほどである。とりわけ新しい世代の従業員が、雇用主を評価する際にボランティア活動の機会を重視している(Deloitte Development 2014)。

コーポレート・ボランティアをめぐって、国連のIMPACT 2030やEmployee Volunteering European Networkなど、新たな国際的な取り組みも見られる(IMPACT 2030 2020)。その普及の程度を文献数(一九九〇年から二〇一四年まで)で測るならば、アメリカが四四四件(六二%)、イギリスが六五件(九%)、カナダが五一件(七%)である。より広域に捉えると、北米では六二三件、西欧では一〇五件となっている(Dreesbach-Bundy 2017)。アメリカでの浸透を表す例として、一〇万人規模の参加非営利団体、一五〇のネットワーク・パートナー、一三〇〇万人の年間サイト訪問者を抱えるウェブ最大のボランティア・エンゲージメント・ネットワークであるボランティア紹介・交流サイトVolunteerMatch(一九九八年設立)がある。ここでは個人のボランティアのみならずコーポレート・ボランティアも扱われており、当該団体は、従業員エンゲージメントや企業の社会的責任の分野で志を同じくするプロフェッショナルがベストプラクティスを共有し、業界の専門家から学ぶ場として、ＣＳＲに取り組むすべての企業と全米の非営利団体向けにサミットを開催している。二〇一五年の同サミットでは、Morgan Stanley、AT&T、JetBlue、Old National Bankなどの会社が、優れたコーポレート・ボランティアのプログラム提供を行っている会社として受賞している。コーポレート・ボランティアをめぐる研究では、モチベーション、離職率など従業員との関係性において検討された論文が多い（Dreesbach-Bundy 2017）。ローデルらによる研究（Rodell et al. 2016）のレビュー論文では、アメリカでは二七％前後の従業員がボランティアをしていると示した。CSR戦略の一環として、九〇％近くの企業が何らかの形で従業員のボランティア活動を支援していると明らかにしている（Zhang et al. 2020; Hou, Qian and Zhang 2020; Rodell et al. 2017）。最近では、企業視点でのコーポレート・ボランティア研究も含む形で潮流が変化してきている。以下では、パブリック・イメージを主たるキーワードとしながら外国のコーポレート・ボランティアの事例を紹介し、三点の留意点をまとめる。

第一に、認知度が低い企業ほどコーポレート・ボランティアを行う価値がある。サインシア・S・サイサイタ（Cynthia S. Cycyota）は、アメリカの『フォーチュン１００』企業でのボランタリー活動を調査したところ、九七％の企業がコーポレート・ボランティアを、従業員の参画を強調した地域ステートメントを持つことにより推進していた。また、九一％の企業は地域参画を義務と考えていた。その結果、リストが下位の企業の方が上位の企業よりもボランティアに時間を割いている。というのも、トップ企業と異なり、企業のパブリック・イメージやCSR Campionとしての評判を向上させたいからである。反対に、たった三〇％の企業しか、組織内のボランティア精神を持っていない（つまり、雇用主にいわれて計画するような慈善活動が多い）。他方リターンに関して、一つの特定の日のボランティアよりは、多くの異なる環境で年間を通じて行うボランティアを促進することにより、多くの企業がリターンを得る（Cycyota 2016）。これらの結果から、筆者は、アメリカの企業はコーポレート・ボランティアに喜んで臨んでいるが、実施効果はきちんと考えたうえで、結果として時間幅やプロボノ、NGOへのボード参画、サービスイベントなどへの配分も選んでいると理解した。

第二に、企業だけでなく各従業員および受け入れ先団体の利益を含めて事前にすり合わせる必要がある。ポール・ブリテビッチ（Paweł Brzustewicz）は、フィンランドのケースを用いて、NPOとの協働に基づくコーポレート・ボランティアを検討している（Brzustewicz et al. 2021）。フィンランドは、SDGs指数全体のスコア（八五・九）は、一七の目標のうち、可能な限り最善の結果に向けて平均で八六％進んでおり、世界一位である（Sachs et al. 2021）。具体的に図表11―3の上段は銀行とNGOによる自閉症関連のプログラムであるが、企業にとってのパブリック・イメージ等の創出のみならず、コーポレート・ボランティアに取り組む従業員にとってのスキル等の取得および満足度の向上に加えて、パートナーのNGOにも企業支援とマッチング能力の向上という便益が生まれた。下段の金融サービス会社とNGOによる社会的排除関連のプロジェクトケースでは、企業にとって従業員からの尊敬の念を集められただけでなく、従業員にとってもコーポレート・ボランティアが会社のPRとわかると雇用主に対するコミットが弱くなるという若干の懸念はあるものの総じて顧客理解を深められたばかりか、NGOにとっても持続可能性と企業支援の授受の可能性を高めることができ

図表 11-3　コーポレート・ボランティアでの企業、従業員、受入先のメリット

ケース	企業	従業員	受入先
フィンランドの銀行員による自閉症を扱うNGOでのボランティア (Case 1)	➢お金に執着せず社会問題に敏感だというパブリック・イメージの創出 ➢働きたい会社に選ばれる可能性の向上	➢マネジメント能力、リーダーシップ、仕事以外の知識、他社へのリスペクトの習得 ➢評判の良いNGOと協力してプロジェクトを行ったという事実が従業員のさらなる満足感の源となる可能性	➢企業からの多大な金銭的・物質的支援を受ける可能性 ➢ボランティアのマッチング経験と能力の向上
フィンランドの金融サービス会社の従業員によるNGOとの社会的排除に関する共同プロジェクト (Case 2)	➢従業員の雇用主に対する尊敬の念の高まり	➢顧客理解の促進	➢企業支援も得た形でのNGOのサステイナビリティの機会の提供 ➢資金面だけでない企業支援を受ける可能性

出所：Brzustewicz, Escher and Hermes et al. (2021), pp. 1504–1515を基にして、筆者が分類してまとめている。

た。併せて筆者の解釈として、業務との関連性の多寡を判断基準として、企業と従業員が得られるメリットが変わる点にも注視したい。業務と関係があるケース一と業務と関係がないケース二では、従業員の積極性や効果などが異なる点を理解したうえで、三者それぞれのメリットを明確にする必要があるだろう。

第三に、企業・従業員と受け入れ先との間に生じるギャップの事前解消である。ジョアンヌ・クック (Joanne Cook) とジョン・バーチェル (Jon Burchell) は、二〇〇九年から二〇一六年までに開催されたイギリスの複数のコーポレート・ボランティアのプログラムのケースを用いて、プログラムに参加した従業員個人やグループ、マネージャー、ブローカーらへのインタビューにより、コーポレート・ボランティアの到達範囲と大きな制約を与える四つのギャップを明らかにした (Cook and Burchell 2018)。一つ目のスキルギャップ (The Skill Gap) については、現状ではスキルの需要と供給の不一致などの問題が発生しているため、受け入れ側の組織ではなく、専門的なスキルの提供や長期間の活動で双方の関係性を深める点など、雇用側の組織のニーズによって動かされる必要がある。二つ目のキャパシティ・ギャップ（The Capacity Gap）については、現状では一日に多くのボランティアが集まる不合理（安全性の面など追加コストを要する）や、大規模な地域や国の管理本部を持つ大企業に適しており、小規模な地域事務所や、従業員の大半が顧客対応や生産ラインを中心とする企業には適していない点、多くの企業が公式にコーポレート・ボランティアを掲げていても仕事量や目標のプレッシャーからコーポレート・ボランティア活動の実行性が低下することがよくある。三つ目の知識ギャップ（The Knowledge Gap）については、現状では受け入れ団体側が企業側に本当のニーズを言えない傾向があるため、双方で共通認識を事前にすり合わせをする必要がある。四つ目のインフラ・ギャップ（The Infrastructure Gap）については、現状ではコーポレート・ボランティア仲介市場が「混沌」としているため、多くの企業が誰と仕事をすればいいのかわからない傾向がある旨を理解する必要がある。

これらのギャップに関連して以下の整備の必要性もあるだろう。武漢のタクシー会社の従業員がボランティアをした際に家族と隔離されなければならなかったという背景から、コーポレート・ボランティアに臨む従業員にとっての負担を鑑み、従業員のストレスマネジメントや柔軟な就労時間を設定する必要性が浮き彫りになっている（Zhang et al. 2020）。パウラ・カリギウリ（Paula Caligiuri）らは、グローバル製薬企業の企業ボランティア一一六名の回答から、社員のボランティア活動が最も価値のあるものであるのは、国際性、実際の貢献度合い、既存のスキルの活用、通常の仕事に応用できるスキルの習得機会の提供、NGO側のリソースの有無であるとわかった（Caligiuri et al. 2013）。このように、企業にとって従業員の心理面への理解と丁寧なケアも求められるのである。

CSR活動は、伝統的にはパブリック・イメージを上げるとされてきたが、近年では企業活動とそのプロセスに直結するようになっている。というのも、社会問題の解決を通じて社会のサステイナビリティのみならず企業自らのサステイナビリティを担保できるためである。また企業のパフォーマンスの向上につながる側面もある。CSR活動は社会的な要請により時間や人材など追加的コストをかけて行われるのではなく、企業の合理的判断に基づいて実施されているのである。

（小島　愛）

第一二章　利害関係者マネジメントと経営合理性

一　「利害関係者」概念の拡張と外部環境

企業とは、それを構成する諸活動と利害関係（stake）のある諸集団の間の一連の関係として理解することができる（Freeman, Harrisons and Wicks 2007, p. 3, 翻訳書、三―四頁）。こうした諸集団が、企業の利害関係者（stakeholders）と位置づけられる。企業とは、顧客（customers）、納入業者（suppliers）、従業員（employees）、資金拠出者（financiers：株主、社債所有者、銀行など）、コミュニティ（communities）、そして経営者（managers）が、いかに相互作用し、価値を創造するかに関わるのである。つまり、企業を理解することは、これらの関係がいかに機能（work）するのかを知ることである。それゆえ、企業経営の中枢を担う会社役員（the executives）や企業家（entrepreneurs）の職務はこれらの関係を管理・整序することであり、これを「利害関係者志向の経営（Managing for Stakeholders）」と呼ぶ（Freeman, Harrisons and Wicks 2007, p. 3, 翻訳書、三―四頁）。

「利害関係者」概念は、当初、企業の存在を支える社会的主体が株主（stockholders）だけでなく、顧客、納入業者、従業員、金融機関などもまた同様に、経営者が彼（女）らの要請に誠実に対応することを求められる集団であることを意味するものとして、用いられるようになった。しかしながら、現在ではその包括範囲がさらに拡張され、「企業が業務活動のあらゆる側面において接触し、相互に影響を与え合う関係にあるすべての社会的主体」を意味する概念として広く用いられている（中村 二〇〇三、四頁）。こうした背景には、グローバル化の進展や情報通信技術（Information and Communication Technology: ICT）の急速な普及によって、企業を取り巻く外部環境の変化が挙げられる。ロバート・E・フリーマン（Robert E. Freeman）ら（二〇〇七）は、図表12―1のように利害関係者を「第一義的利害関係者（Primary Stakeholders）」と「第二義的利害関係者（Secondary Stakeholders）」の二層に分類している。当初、利害関係者の概念は、内側の円に含まれる第一義的利害関係者のみに限定して定義され、議論が展開されていた。しかしながら、前述の中村（二〇〇三）の定義にもあるように、企業が社会の中で存続していくためには、株主をはじめとする資金拠出者や納入業者、顧客といったビジネスにおける価値連鎖（Value Chain）の中で関わる第一義的利害関係者以外にも目を向ける必要があることから、利害関係者の概念は、第二義的利害関係者まで含めて広く解釈されるようになった。さらに今日では、ＳＮＳ（Social Networking Service）を活用する人が増加したことで、個人の影響力が従来に比して大きくなった。企業の立場から見ると、仮に自社の製品・サービスを購入・利用していない個人であったとしても、ＳＮＳを介して個人が情報を発信・共

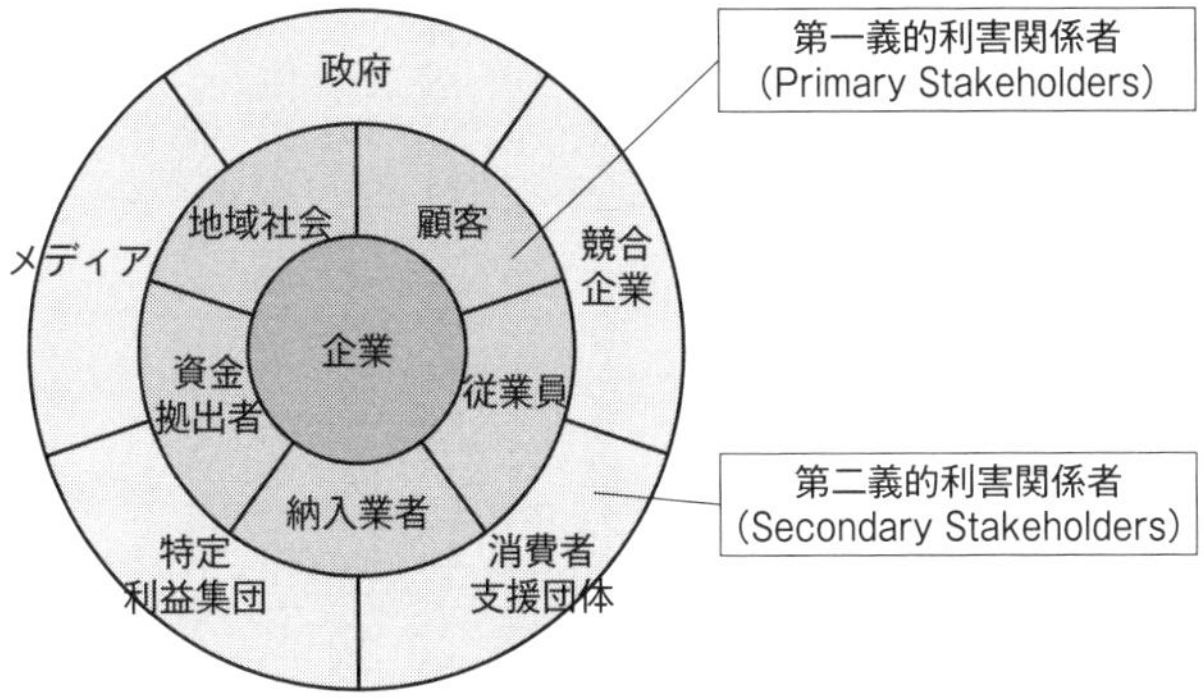

出所：Freeman, Harrison and Wicks (2007), p. 7.（翻訳書、8頁。）

図表12-1　二層の利害関係者相関図

有することで、ときに大きな影響を受けることもある。このことに鑑みれば、利害関係者の概念はより包括範囲を拡張してきていると理解される。

　さらに、フリーマンら（二〇〇七）は、「二層の利害関係者」に関して重要な示唆を与えている。即ち、企業によって、第一義的利害関係者と第二義的利害関係者の構成が異なるということである（Freeman, Harrisons and Wicks 2007, p. 8, 翻訳書、九頁）。例えば、有毒廃棄物処理を担う企業は、環境保護団体を、また、医薬品の製造・販売を担う製薬企業は、製品の承認・審査を行う医薬品医療機器総合機構（Pharmaceuticals and Medical Devices Agency: PMDA）を第一義的利害関係者に位置づけることが必要となるであろう。このように、だれが第一義的利害関係者であり、だれが第二義的利害関係者であるかは、企業のビジネスモデルや社会的使命によって異なる。したがって、企業（あるいは経営者）は、自社と利害関係者との相関を正確に見極めることが求められるのである。

二　利害関係者と経営課題

企業が社会の中で存続していくためには、自社と直接的、あるいは間接的に関わる利害関係者との協調が不可欠である。一方で、前述のように、今日では企業が関わる利害関係者は多岐にわたることから、利害関係者間の要請が対立することもある。例えば、「顧客第一」の経営理念に基づいて、顧客に対してきめ細かいサービスを提供することは、顧客満足度（Customer Satisfaction）の向上に繋がる一方で、従業員の負担を増大させ、彼（女）らの従業員満足度（Employee Satisfaction）を低下させることもあり得る。さらにいえば、「顧客」と一言で表しても、個々の顧客で求めているサービス（ニーズ）が同じであるとはいえず、ある顧客から見れば「手厚いサービス」が、他の顧客からすれば「過剰なサービス」となることもある。この意味において、企業は、自社と関わりのある多様な利害関係者が形成している複雑なネットワークに埋め込まれた存在と理解することができ、まさに「彼方立てれば此方が立たぬ、双方立てれば身が持たぬ」といった状態といえよう。かかる理解に鑑みれば、企業が自社と関わるすべての利害関係者からの要請に対して、同時に応えることは困難であるといえる。しかし、仮にすべての利害関係者に対して、同時に資することが困難であったとしても、負の影響を与えることは避ける必要がある。そのためには、企業がそれぞれの利害関係者との間に生じうる課題事項を識別して、それらへ対処することが重要となる。中村（二〇〇三）は、第六章の図表六―一（九九頁）で表されるように、企業倫理（business ethics）の見地から、企業とそれぞれの利害関係者との間に関わる関係領域と、それらへの対処の際に求められる価値理念（公平・公正・誠実・共生・企業市民・尊厳など）ならびにそれらの関係領域ごとの課題事項（環境汚染・カルテル・入札談合・労働災害など）を分類している。

こうした課題事項の多くは、企業不祥事としてさまざまな利害関係者に負の影響を与えると同時に、企業の信頼を失墜させ、その存続を危機に至らせることとなる。そのため、企業は法令遵守（compliance）のみならず、「企業倫理の制度化（institutionalization of business ethics）」によって、それぞれの利害関係者との間に生じうる課題事項への自発的な対処が求められるのである。

また、企業が多様な利害関係者間の利害を調整するためには、「マテリアリティ（materiality：経営上の重要課題）」を特定することが重要となる。今日では、多くの企業がGRI（Global Reporting Initiative）ガイドラインや「持続可能な開発目標（Sustainable Development Goals：以下、ＳＤＧｓと表記）」などを踏まえて、自社のマテリアリティ候補を抽出し、それらについて株主との対話を通じて、自社のマテリアリティを定める取り組みを行っている。また、こうしたプロセスを経て確定されたマテリアリティは、統合報告書などを通じて社会に開示されている（花村 二〇二〇、一八頁）。前述のように、企業は利害関係者との複雑な関係において、すべての要請に対して同時に応えることは困難である。そこで、自社の経営理念を踏まえ、自社のビジネスとそれに関わる利害関係者の重み付けを行うことが求められる。加えて、企業は利害関係者のマテリアリティを普遍的に定めるのではなく、様々な利害関係者との相互コミュニケーションによって、状況に応じたマテリアリティの選定を行うことで、「利害関係者志向の経営」を実現することが可能となるであろう。

三　株主主権論と利害関係者論

今日における私有財産制度の下では、企業、とりわけ株式会社の最高意思決定権を有しているのは株主であり、経営者は株主に対して受託者責任（fiduciary duty）と説明責任（accountability）を負っている。したがって、経営者は自社の経営戦略を決める際、自社の経営理念との関連はもちろんのこと、株主からの合意を得て意思決定を行うのである。また、株主の有する配当請求権は、売上高収入から諸費用（従業員への給与、借入先への利払い（金利、社債利子）、仕入れ先への支払いなど）を控除した残余として計算される企業の剰余金である当期利益が生み出されて初めて行使が可能となる。これら利害関係者への支払いをした後に剰余金が残る場合、株主はそれに対する配当請求権者となる（後藤 二〇一七、八頁）。つまり、企業における残余財産の分配を受ける順位の最後が株主ということになり、言い換えれば、利害関係者の中で最もリスクを負っているのは株主となる（勝部二〇一九、一九頁）。かかる根拠に基づいて、企業が最も重視するべき利害関係者は株主であると主張するのが「株主主権論」である。

株主主権論としばしば対比される考え方として、利害関係者論が挙げられる。利害関係者論は一九七〇年代から一九九〇年代のアメリカにおける時代風潮を背景として醸成されてきた（水村二〇〇八、九八頁）。企業が株主からの出資によって成り立っている組織である以上、株主が主権者であることは明らかであり、企業が主権者である株主の利益最大化に努めることは決して間違ってはいない。しかしながら、企業が株主の利益最大化を念頭に過度な利益追求を行い、他の利害関係者を軽視したビジネスを展開したとすれば、それは結果として株主の不利益へと繋がることも十分に考えられる。したがって、企業は社会の一員として、株主のみならず多様な利害関係者からの要請に応える必要がある。利害関係者論は、株主の権利を否定しているわけではない。株主の権利を過度に追求するが故に生じる他の利害関係者への不利益を危惧しているのである。また株主主権論も同様に、株主の利益が最大になることは、いうまでもなく他の利害関係者の経済的利害も充足されることになり、決して企業の利益はすべて株主のものになるわけではないと主張している（勝部二〇一九、二〇頁）。そもそも、「利害関係者」の概念に「株主」が含まれていることから、株主主権論と利害関係者論を単純に対比することは困難である。また、水村（二〇〇八）は、利害関係者論においては、株主と他の利害関係者との間に分水界を設定し、双方の権利とそれに伴う利益が相容れることはないと結論づけているが、双方の権利とそれに伴う利益が相容れるか否かは、株主が利己的な動機に基づいて株主権を行使しているか、あるいは利他的な動機に基づいて株主権を行使しているかのいずれかに依存している、と利害関係者論には誤解が生じていることを指摘している（水村二〇〇八、九九頁）。この意味において、利害関係者論を理解する上では、「株主の権利とそれに伴う利益は、株主以外の利害関係者の権利とそれに伴う利益とが相容れることはない」という前提を見直す必要がある。かかる理解に鑑みれば、株主主権論と利害関係者論は、対比の関係ではなく、株主主権論を利害関係者論が包摂している関係にあると理解することができ、利害関係者論は、より広く企業と社会の関係を捉えているといえよう。

四　経営合理性と社会的合理性

ここまで述べてきたように、企業は社会の中でさまざまな利害関係者と相互に関連することでビジネスを展開しており、すべての利害関係者からの要請に対して、同時に応えることが難しいからこそ、マテリアリティを選定する必要がある。企業が選定するマテリアリティには、唯一絶対的な正解はなく、株主を第一に位置づけるか、あるいは顧客を第一に位置づけるかなど、どの利害関係者に重み付けを行うのかは、当該企業が自社の経営理念に基づいて選定する。株主を第一に位置づける株主主権論の考え方は、こうした企業のマテリアリティのひとつの答えであろう。

しかし、仮に株主を第一に位置づけるとしても、今日では、株主の要請も多岐にわたるよう変わってきている。その要因として挙げられるのが、社会的責任投資（Socially Responsible Investment：以下、ＳＲＩと表記）やＥＳＧ投資への関心の高まりである。

ＳＲＩとは、企業活動を財務面のみならず、社会・環境面からも評価し投資先を決定していく方法であり、一九九〇年代後半から欧米を中心に広がってきた（谷本 二〇〇六、一一〇頁）。これにより、企業には経済的合理性のみならず、CSR活動にも積極的に取り組み、社会的合理性も追求することが期待されるようになった。さらに、二〇〇二年以降、エンロンやワールドコムなどの企業不祥事が発生したことを受けて、企業のコーポレート・ガバナンスのあり方を問う議論が活発になった。これにより、SRIの評価基準の中に改めてガバナンス体制や透明性の要素をチェックする動きが強まった（谷本 二〇〇六、一三〇頁）。また、二〇〇六年、機関投資家を対象として、投資運用の際にESG（環境・社会・企業統治）の観点を組み込むことを求める「責任投資原則（Principles for Responsible Investment：以下、PRIと表記）」が公表されたことを契機に、海外ではESG投資への動きが加速してきた。日本でも、運用資産額約一六〇兆円という世界最大の機関投資家である年金積立金管理運用独立行政法人（Government Pension Investment Fund：以下、GPIFと表記）が、二〇一五年九月にPRIに署名したことを受けて、ESG投資への取り組みが加速したとされる（八木 二〇一八、〔四九〕―三頁）。

こうしたESG投資への取り組みが加速した背景には、SDGsへの関心の高まりも起因している。SDGsは、その前身である「ミレニアム開発目標（Millennium Development Goals：以下、MDGsと表記）」の内容を踏襲し、二〇一五年九月にニューヨークの国連本部において開催された「国連持続可能な開発サミット」で採択された一七のゴールと一六九のターゲットから構成された共通目標である。図表12―2のように、GPIFは、PRIへの署名とSDGsを結び付け、ESG投

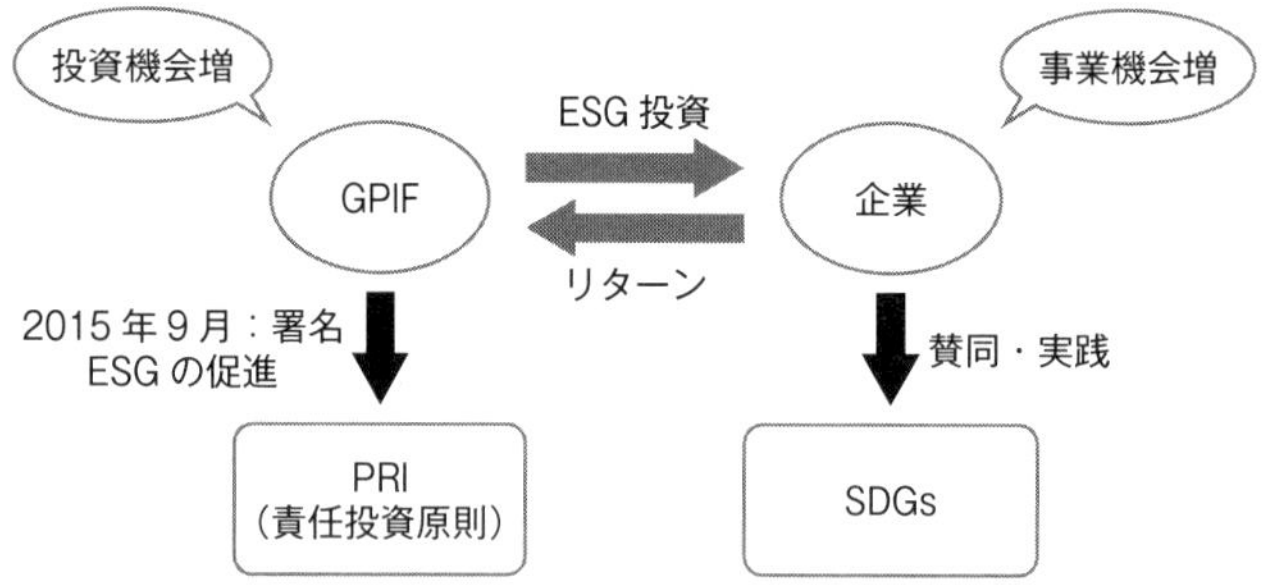

出所：年金積立金管理運用独立行政法人 HP を基に筆者作成（https://www.gpif.go.jp/investment/esg/, 最終アクセス：2021 年 8 月 20 日）。

図表 12-2　ESG 投資と SDGs の関係

資が投資家にとって良質な投資機会の増加に繋がり、一方、企業はＳＤＧｓを事業機会の増加やリスク回避に利用し、競争優位に繋げることを推奨している（笹谷 二〇一九、一二七頁）。つまり、企業がＳＤＧｓに取り組むことで、企業価値の持続的向上が長期的投資リターンを拡大させるとともに、社会的課題の解決が事業機会と投資機会の双方を生み出すことを示唆しているのである。

こうした株主のＥＳＧ投資、および企業のＳＤＧｓへの積極的な取り組みがより浸透することで、企業の経済合理性と社会的合理性とが統合される方向へと進んでいくと推察される。一方で、こうした統合に基づいて、企業が「利害関係者志向の経営」を実現する上で、課題が残されていることも理解しておかなければならない。

第一に、利害関係者間の利害対立の存在である。柴田（二〇一四）は、利害多元志向を持つとされるドイツ経営学の見地から、利害関係者が企業のビジネスをはじめとする様々な意思決定に重要な影響を及ぼすとともに、利害関係者間の利害が対立を調停する何らかの仕組みが必要であることを指摘している（柴田 二〇一四、一六九頁）。前述したように、企業がマテリアリティを選定することは、自社において重視されるべき利害関係者を明確にし、加えて、これを状況に応じて選定することによって、多様な利害関係者からの要請に応えることに繋がる。しかし、マテリアリティの選定は、利害関係者間の利害対立を解消させることを意味しているのではない。企業は、自社のマテリアリティを選定しつつも、より広範な利害関係者の利益を企業の意思決定に包摂することを目指す必要がある。この意味において、企業は「株主受託者責任」を超えた「社会受託者責任」を負っているのである。

第二に、ＥＳＧ投資とＳＤＧｓが強く結びつくことによって、企業に「手段の目的化」を引き起こすことが危惧されることである。ＳＤＧｓとは、企業をはじめさまざまな主体が協調することによって、社会的課題を解決することを目的とした目標体系であり、企業はＥＳＧ投資によって、機関投資家から資金を調達することで、自社の経済合理性と社会的合理性とを両立させる仕組みとなっている。しかしながら、企業のホームページなどを参照に、ＳＤＧｓへの取り組みを見てみると、従来の取り組みにＳＤＧｓの項目を落とし込んでいる点も見受けられる。このことは、「社会的課題を解決すること」が目的ではなく、ＧＰＩＦをはじめとする機関投資家への対応が目的となっていることに起因しているのではないだろうか。企業が、こうした「手段の目的化」に陥ってしまうと、ＳＤＧｓへの取り組みのみが独り歩きし、実際にその取り組みが社会的課題の解決にどの程度貢献したのかが不透明になってしまう（鈴木 二〇二〇、一八九―一九〇頁）。

企業は、より良い社会を実現するために、ビジネスを通じて価値を提供する使命を負っている。しかしながら、ときに自社の利益のみを追求する利己的な行動によって、多くの利害関係者に不利益をもたらすこともある。したがって、企業は今一度、「企業と社会」論（Business & Society）の考え方に立脚し、企業倫理の確立、コーポレート・ガバナンスの徹底、そして、CSR・SDGsの実践に注力することで、企業の経済合理性と社会的合理性の統合を図り、経営合理性の追求を目指す必要がある。

（鈴木　貴大）

結　章　ドラッカー経営学と経営合理性

本書は、序章において明らかにされているように、ウェーバーとハバーマスという二人の社会学者の合理性概念に依拠しつつ、本書がテーマとする、経営における「合理性」という課題性について経済的合理性と社会的合理性という視点に分けるとともに、こうした合理性への要請が企業内部から生まれてくるのか、企業外部の社会的要請・期待から生まれてくるかで、内発的合理性と外発的合理性に分けることができる。こうした理解に基づいて、経営学研究の歴史的流れを、㈠内発的・経済的合理性、㈡内発的・社会的合理性、㈢外発的・経済的合理性、そして㈣外発的・社会的合理性という四つのアプローチから分類し、そこで取り上げられてきた理論がその時々にいかなる固有の実践的な経営問題（「合理性」問題）にいかに取り組んできたのか、同時にまたこうした理論が扱う合理性が有していた有効性と限界を明らかにしようとするものであった。つまり、そこで取り扱われてきた経営合理性は、当該理論が生み出されるに至った時代背景の中で、当時の企業が何よりも取り組むことが求められていた経営課題でもあった。しかし、本来、企業は経済的・社会的存在であり、同時に内外の要請に応えることによってしか持続可能な成長・発展は期待できない。こうした本来の企業のあるべき姿からすれば、こうした合理性の統合的・総合的志向が求められるようにも思われる。そして、この統合的・総合的合理性という視点を全面的にその理論の基盤にしているのが、ピーター・F・ドラッカー（Peter F. Drucker）の経営学だと考えられる。そこで、結章は、ドラッカー経営学を取り上げてその現代的意義を解明することを課題とする。

一　ドラッカーと経営学――経済的合理性と社会的合理性――

経営学におけるドラッカー

「マネジメントの発明者」と称されたドラッカーは、経営学では特異な存在である。ドラッカー抜きに経営学の発展を語ることは難しい。彼ほど、実践的な理論を展開できた経営学者はいないからである。しかし、いざドラッカーを経営学諸理論のなかに位置づけるとなると、これもまた難しい。彼ほど、広範な理論を展開できた経営学者はいないからである。そもそも彼の経営学は、単なる理論ではない。生涯にわたる知的営為でめざされていたのは、論理的な体系性よりも実用の学＝実学として向上していくことであった。そこで大きく取り込まれていったのが経済学等の関連諸領域、および科学的管理法や人間関係論、行動科学など多様なアメリカ経営学という「理論」、そして欧米や日本をはじめとする企業経営の「現実」であった。この広範な「理論」と「現実」の融合の妙によって、ドラッカー経営学は実学たりえた。経営学という学問領域をトータルに提示することのできた稀有の経営学者が、ドラッカーなのである。

こうしたドラッカー経営学においてポイントとなるのは、その統合的なアプローチである。個別専門領域にとらわれない機知縦横のアプローチは、変化しゆく現実にそくした考え方と新しい発想を可能とした。実にドラッカーは「学際知の統合者」、「統合の達人」とも称され、広範な諸領域をむすびつけて独自の未来ビジョンを描き出すとともに、多様な諸知識をまとめあげて独自の経営学を展開した。そしてそれをあらわすのが、最終的には「マネジメント」の概念ということになる。

ドラッカーにおける経営学

一般にドラッカーは経営学者として知られるが、本来的な意味での経営学者ではない。彼による自己規定は「社会生態学者」(socio-ecologist)、即ち変化しゆく時代の狭間にある人と社会を見つめ、より良き「新しい社会」をめざす文筆家であった。人と彼らが集う社会の望ましいあり方をめざす点で、社会的合理性の追求こそがドラッカーの根本的な問題意識なのである。

ドラッカー経営学の思想的土台にして基本的な方向性を定めたのは、初期の二著『経済人の終わり』(一九三九)と『産業人の未来』(一九四二)である。まず『経済人の終わり』でドラッカーは時代の転換を旧来からの秩序「経済主義」の崩壊にもとめ、新たな秩序「非経済主義」にもとづく「新しい社会」の実現を希求する。この「非経済主義」とは、「反経済主義」ではない。決して経済的合理性を否定するのではなく、経済的合理性を至上とすることからくる物質主義や拝金主義を根本的な問題とし、そこからの脱却を意図するのである。したがってそこでめざされる「新しい社会」とは、単なる社会的合理性にあるものではない。「経済的合理性を超えた社会的合理性」として、経済的合理性を織り込んだ社会的合理性にあるものである。換言すれば、彼のいう「新しい社会」とは社会的合理性を第一とし、経済的合理性をその二次的な手段と位置づけるものであった。それは、資本主義や社会主義を超えた「第三の社会」である。しかも「経済主義」的アプローチに限界をみる点で、経済学にかわる新しい社会科学を模索するものでもあった。これは、後に新しい「マネジメント」誕生へと結実することになる。

こうしてドラッカーはつづく『産業人の未来』で、めざすべき「非経済主義」の「新しい社会」を、より具体的に「自由で機能する社会」と規定する。ここにいう「自由」とは「責任ある選択」と規定され、かかる社会とは人間一人ひとりがこの「責任ある選択」を果たし、しかも社会が社会として「機能」する「人間中心の社会」ということになる。ここにおいて、ドラッカーが第一に追求する社会的合理性の内容も明らかにされる。社会の一人ひとりが自らの居場所を確保し、彼らをまとめあげる社会の決定的な権力が誰からも正当なものと認められることである。しかもその際、軸足は社会全体ではなく、社会の一人ひとりの「責任ある選択」＝意思決定におかれている。つまり「個人と社会」というミクロ・マクロ・リンクでみれば、「自由で機能する社会」という彼の「新しい社会」は諸個人を基点とする方法論的個人主義にあるものなのであった。

ひるがえって、現実はどうか。眼前の産業社会はいまだ旧秩序「経済主義」にあり、新秩序「非経済主義」を打ち立てていない。ここでその根本的な原因として注目されたのが、企業であった。産業社会において企業は、大企業として大量生産工場と株式会社というふたつの側面をあわせもつ。大量生産工場は多数の人々を雇用する状況にあって、彼らを機械の一歯車のごとくあつかい、人間としての尊厳と居場所を奪ってしまっている。株式会社は「所有と経営の分離」から、所有にもとづかない専門経営者によって運営される状況にあるが、これは社会の決定的権力として正当なものではない。かくてドラッカーはこれらの問題を解決し、企業を「自由で機能する社会」実現の担い手とするための考察を開始する。「企業による「新しい社会」の実現を模索するのである。これこそ「経営学者ドラッカー」の端緒であり、新しい「マネジメント」誕生へといたる契機であった。

かくみるかぎり「社会生態学者ドラッカー」が「経営学者ドラッカー」となったのは、より良き「新しい社会」を実現するためにほかならなかった。「経営学者ドラッカー」とは、「社会生態学者ドラッカー」が進化した姿なのである。ドラッカーにとって「マネジメント」≒経営学とは、あくまでも「新しい社会」＝「経済的合理性を超えた社会的合理性」の社会を実現するためのものであって、本来的に統合的経営合理性を志向するのである。これこそドラッカーにおける経営学の意義であるとともに、ドラッカー経営学を規定する根本的な要因でもあった。

二　ドラッカー経営学の展開——企業論からマネジメント論へ——

ドラッカーにおける企業

既述のようにドラッカーがめざす「新しい社会」とは、「非経済主義」＝「経済的合理性を超えた社会的合理性」として、経済的合理性を織り込んだ社会的合理性にあるものである。したがって両合理性は摩擦・対立するのではなく、社会的合理性を軸に調和・調整されねばならない関係にある。これこそ、ドラッカーにおける統合的経営合理性の内実であった。経済的合理性は社会的合理性の下位に位置づけられるが、もとより決して軽視されるわけではない。実にドラッカーは「所有と経営の分離」によって企業はもはや特定個人のものではなく自律的な社会制度になったとするが、企業第一の存在意義をやはり経済的合理性の追求においている。

そもそも社会制度としての企業とは、いかなるものか。ドラッカーによれば、企業とは三側面三機能の社会制度である。即ち社会における決定的・代表的・基本的な側面を有する制度として、経済的・政治的・社会的な機能を果たすという。社会において決定的な役割を担い、社会を代表する秩序そして社会を構成する基本的な単位となっている制度であり、社会において経済的機能はもちろん、疑似国家のごとく多数の従業員を統治する点で政治的機能を、従業員に働く場というコミュニティを提供する点で社会的機能を、担っているとするのである。これら三機能は三位一体であるが、しかしやはりまずもとめられるのは経済的機能＝経済的合理性の追求である。それこそが、企業にしかできない固有の機能だからである。企業が経済的な成果をあげることによって、社会は存続することができる。したがってドラッカーによれば、社会制度となった企業のあげる利益はもはや当該企業のためだけの私益ではすまされない。社会にとって不可欠な企業を存続させるための費用、即ち公益なのである。ひるがえって企業が経済的合理性を追求するのは、それこそが社会から課せられた使命だからであり、その十全な遂行はひいては社会的合理性を追求することにほかならない。

このようにドラッカーは「新しい社会」実現に向けて「非経済主義」的アプローチ、即ち社会的合理性を第一とし、経済的合理性をその手段として、両者の調和・調整をはかる統合的経営合理性を追求していく。そこでまず「社会における企業」を規定し、「企業による「新しい社会」」を論じていったのである。ここでの考察の中心は企業という存在そのものにあり、経営学としては企業論や「企業と社会」論（Business and Society）に属する内容である。もとより、それらを貫くのは「社会のための企業」という視点である。企業の社会的責任（ＣＳＲ）や企業倫理を軸とするアプローチが、彼の論理には自ずとビルド・インされているのである。ドラッカー経営学において企業は社会的存在であることが大前提であって、ＣＳＲや企業倫理を果たさない企業などありえない。果たすものこそが、真の意味での企業ということになる。この企業観は、後の彼におけるコーポレート・ガバナンス論にも通底するものである。

ドラッカーにおけるマネジメント

これまでみてきたように、ドラッカー経営学初期における考察の中心は、企業を社会制度と規定する企業論にあった。ここでの「非経済主義」＝「経済的合理性を超えた社会的合理性」の追求は、あくまでも企業経営の外部的視点＝外発的合理性によっている。そこでドラッカーはさらに踏み込んで、企業経営の内部的視点＝内発的合理性をも組み込んだ新たな枠組みを提示することになる。かくて誕生するのが、「マネジメント」の概念であった。『現代の経営』（一九五四）で「マネジメント」の概念を提唱することによって、彼は「非経済主義」＝「経済的合理性を超えた社会的合理性」を、内発的・外発的合理性の両面にわたって追求していくのである。ここにドラッカー経営学は、本格的に統合的経営合理性を追求する理論として展開されることになる。

同書で「マネジメント」とは、社会・文明を牽引するリーダー的な制度、経済進歩への責任を託された機関であり、しかも経済の単なる創造物ではなく創造主であると規定される。社会制度というのみならず、それ自身が社会を創りだす行為主体でもあるという二重の存在として、「マネジメント」の概念は映し出されている。それは社会制度たる「企業」を包摂し、かつ「企業」よりも強力な自発的行為性をあらわす概念、即ち意思決定＝「責任ある選択」を行う概念としてある。いわば「新しい社会」を実現する行為主体の概念として、「企業」にかかわるものとして措定されているのである。しかもここで想定される行為主体は、「マネジメント」の具体的担い手たる経営管理者だけではない。企業内の働き手一人ひとりであり、またそれらの総体としての「マネジメント」なるものである。つまり「マネジメント」であらわされるのは、狭義と広義からなる遍在的な概念なのである。実に同書では企業の目的を「顧客の創造」としているが、それを担うのは企業メンバー一人ひとりであるとともに企業全体としての「マネジメント」であり、その行き着く先は「新しい社会の創造」となる。かくみるかぎり「マネジメント」とは、まさにドラッカーの統合的経営合理性そのものであった。彼の「企業による「新しい社会」」は、ここに「マネジメントによる「新しい社会」」へと進化したのである。

「マネジメント」概念の誕生は、ドラッカー自身にとって「新しい社会」実現への強力な拠り所の獲得を意味した。以降の彼は「マネジメント」の名のもとに、次々と経営学のフロンティアを切り拓いていくのである。実際、彼がパイオニアであったり、有形無形に大きな影響を与えたりした領域はきわめて多岐にわたり、CSR、経営倫理、経営哲学をはじめとして、経営戦略論、グローバル経営論、イノベーション論、経営者論、NPO経営論などがある。また彼による造語あるいは普遍化された概念も多く、分権制、目標管理、知識社会、知識労働者、民営化などがある。他方で、経営学固有の専門領域にとらわれず、広く政治、経済、社会、技術、教育、人間、哲学、歴史などを論じ、ひるがえってそれらの成果を反映して「マネジメント」≒経営学の意義と役割、めざすべき方向性を明らかにすることにもドラッカーは注力していた。同時に彼の視線は常に未来に据えられており、先行きに対する見通しを的中させることも多かった。主なものとして、ポスト産業社会としての知識社会の到来、少子高齢化社会の到来と年金基金社会主義（資本主義）の登場、大きな政府の弊害とケインズ経済学の限界などがある。

これらの独創的・先見的な業績を総合的に俯瞰すると、ドラッカーは経営学が取り組むべき新しい課題をいち早く察知し指摘する導き手であり、また自ら新しい経営学を生み出す作り手でもあった。独自の未来展望と広範な領域にわたる知見にもとづいて、今現在なすべきことを先駆けて明示しつづけたのである。上記のように先行きに対する見通しを的中させることから、ドラッカーは未来学者(futurist)と称されることもあったが、彼自身はそれを頑なに否定した。自分が行っているのは現在やすでに起こっていることを直視するのであって、決して未来を予測するのではない、と。未来をみつめながらも、ドラッカーが現実的課題として取り組むのはより良き「新しい社会」実現のために「今現在何が問題なのか、何をなすべきなのか」なのである。この点で究極的に問題とされるのは個別行為主体による実践的な行為であり、彼においては結局「マネジメント」であらわされるものに行き着くのであった。

三　統合的経営合理性としてのマネジメント——実践性と規範性——

マネジメントの実践性

ドラッカー経営学は本来的に「非経済主義」＝「経済的合理性を超えた社会的合理性」として統合的経営合理性を志向するが、その際、何よりも実学たることを特長とする。その最大の体現者こそ、戦後日本の経済発展を担った企業人たちであった。彼らはドラッカーに学ぶことによって、戦後復興から高度経済成長を成し遂げ、GNP（国民総生産）・GDP（国内総生産）世界第二位という経済大国日本を創りあげたのである。彼らにとってドラッカー経営学は実践的というだけでなく、人と社会のあり方を説く規範的なものでもあった。単に使える知識というのみならず、それらを何のために、いかに使うかという人間的な規範をも示すものだったのである。実際ドラッカーは『マネジメント』（一九七三）で、「マネジメント」とは結局「実践」（practice）であるが、文化的に条件づけられ、社会の価値観・伝統・慣習にしたがう点で「規範」（discipline）でもあると述べている（Drucker 1973, pp. xii–xiv, 翻訳書上巻、二九―三四頁）。単なる「実践」ではなく、独自の「規範」にもとづく「実践」こそが、彼のいう「マネジメント」なのである。これによってドラッカー経営学は単なるハウツーを超えた理論、さらには統合的合理性を追求する「人間の学」たりうるのである。

この「規範」にもとづく「実践」で内実をなすのが、「責任」（responsibility）である。『マネジメント』の「日本語版への序文」でドラッカーは渋沢栄一を引き合いにして、同書の主題を「経営の本質は責任である」（Drucker 1973, 翻訳書上巻、六頁）とまで述べており、いわば「責任」を「実践」することが全体を通じて提唱されている。実にドラッカーにおいて「マネジメント」の概念は常に進化しつづけたが、その軸にあるアプローチは終生「責任」で一貫していた。個別行為主体の視点に立ち、それら個々の意思決定＝「責任ある選択」を「実践」するアプローチである。それは「マネジメント」の具体的な手法にも如実にあらわれており、現実的な問題解決に向けてきわめて応用性が高かった。主なものとして、以下をあげることができる。

まず管理手法では、「目標管理」（目標（と自己統制）によるマネジメント）がある。ここで意図されるのは、各行為主体に自ら目標を設定させ、それに向けて自主的に行為させ、いかなる成果であれ自らのものとして責任を負わせることである。各行為主体を自立（律）化させる手法であり、ドラッカーはこれこそ「マネジメントの哲学」とまで力説する。まさに行為主体一人ひとりが、他者ではなく自らによって意思決定＝「責任ある選択」できるようになるというのである。

組織手法では、分権制がある。ここで意図されるのは権限移譲によって、下部組織の自由裁量権を拡大し、行為主体として自立（律）化させることである。ドラッカーにおいて初期から一貫して提唱された組織手法であり、多様なバリエーションを示しつつも基本的な考え方は終生変わっていない。対抗軸として意識されるのは集権制であるが、それとの対比で機能的有効性が説かれる。分権制こそ、各行為主体による意思決定＝「責任ある選択」を実現し、ひいては企業領域での「自治」即ち「自己統治」を実現するというのである。

さらにモチベーション手法では、「責任ある選択」そのままに、労働者一人ひとりに「責任をもたせること」がある。労働者一人ひとりから、自発的な仕事への取り組みを引き出す最大の要因は何か。行動科学の成果をふまえたうえで、ドラッカーは金銭や満足ではなく「責任」だと主張する。そして責任をもたせるためにもっとも効果的なのは、リーダーシップを発揮できる参画の機会を設けて、労働者に「経営者的視点」（managerial vision）を獲得させることである。かくて労働者は、「責任ある選択」を行う「責任ある労働者」(responsible worker) になるというのである。

こうした具体的手法にあらわれているように、「マネジメント」とは個別行為主体の意思決定＝「責任ある選択」を実践・実現すべく組成されたものにほかならなかった。端的にいえば、それは個別行為主体の自律性を核とする自己責任のアプローチである。ドラッカー経営学で構想されるのは、自律した一人ひとりの自己責任による「実践」なのである。ドラッカーにおいては、自ら「責任」を負わない「実践」などありえない。あくまでも「責任」を「規範」とする「実践」として、「マネジメント」はあるのである。

マネジメントの規範性

ドラッカーの「新しい社会」の中核をなす「自由」がそもそも「責任ある選択」と規定されたように、「責任」は彼最大のキー・ワードのひとつであった。実にドラッカーは秩序、信条、信念、約束など規範にかかわる語を多用していたが、最多は「責任」である。この「責任」を「規範」として「実践」することによって、ドラッカーは自らの統合的経営合理性を追求できることになる。「非経済主義」＝「経済的合理性を超えた社会的合理性」を、内発的・外発的合理性の両面にわたって追求することができるのである。

「規範」としての「責任」について、ドラッカーはいう。企業は社会制度として、社会的機能を果たしている。企業がなければ産業社会は存続しえないという事実によって、私有財産という伝統的な責任を超えた責任が今日の経営管理者には課されている。つまり公益に責任をもち、倫理的な行動規範にしたがい、またそれらに抵触する場合には制約を受けなければならないということである。ここにおいて経営管理者にもとめられるのは、未来をも視野に入れた高度な社会的責任を受け入れることである。いまや企業は社会的な問題を捨象することはできず、自らのマネジメントの責任を熟慮しなければならない。この社会的責任こそ、マネジメントの倫理なのである。

そもそもドラッカーによれば、マネジメントの担い手たる経営管理者には、人としての真摯さ(integrity)が備わっていなければならない。そうした彼らが自らの責任倫理としなければならないのは、プロフェッショナル(専門職業人)の倫理「知りながら、害をなすな」である。プロが依頼人に対してできるのは最善を尽くすことにすぎず、良い結果を約束することではない。ただしその際、故意に害を与えないと約束することはできる。プロが行う意思決定は何物の束縛も受けず自律しているという点で、私的である。しかし、この私的であることの根拠は、「公益のために意思決定している」というプロの自覚によるものである。つまり何物にもとらわれないという点で私的ではあるが、依頼人のために行動が制限されるという点では公的なのである。この一見自明ながらも遵守しがたい原則こそ、経営管理者がもつべき責任倫理なのである。

かくてドラッカーはいうのである。マネジメントはただ単に業績をあげるだけでなく、誰からも「正しい」と認知される正当性(legitimacy)をもたなければならない。この正当性の根拠となる道徳律は、もはや資本主義の原理「私人の悪徳が公益となる」ではない。諸組織からなる現代社会では、「人間一人ひとりの強みを生産的にする」となる。経営管理者は成果をあげるために自律的な私人でなければならないが、同時にかかる自律的な諸組織の社会を保つために公人でもなければならない。いわば「自律的な私人」であるために、「社会的な公人」でなければならない。つまり経営管理者とは、組織の道徳的責任即ち「人間一人ひとりの強みを生産的にする」責任を引き受けなければならないのである。

もとより、この「自律的な私人」とは経済的合理性の追求者であり、「社会的な公人」とは社会的合理性の追求者である。まさに「非経済主義」としての統合的経営合理性を体現する人間像として措定されているのが、経営管理者であった。こうして統合的経営合理性を追求する責任倫理は、究極的に「マネジメント」の概念にもとめられることになる。生きた人と社会の「規範」にもとづく「実践」として、「マネジメント」は「新しい社会」の実現主体となるのであった。

四　ドラッカーが教えるもの
——統合的経営合理性と、「人間の学」としての経営学——

不断の技術革新下にある現代社会において、人間の関わる知的領域は日々高度化・複雑化しながら拡大しつづけている。そのなかで経営学もまた、大きな進化を遂げている。変化が常態化し、先行きの不透明感が増すなかにあって、いかに環境適応・環境創造し成果をあげていくのかがこれまで以上に大きく問われているのである。経営学に対する時代的な要請は強まりこそすれ、弱まることはない。人と社会のための「生きた学問」＝実学として、経済的成果のみならず社会的成果をふくめた統合的な経営成果をあげることが強くもとめられているのである。

その格好の例として、持続可能な社会の構築をめざして国連が採択した一七の開発目標（ＳＤＧｓ）がある。いずれも全世界が解決すべき課題として周知ではあったが、これまで経済的合理性を第一としてきたがゆえに、対応が遅れていたものである。グローバル化や地球環境への問題意識の高まりから、近年にわかに積極的な対応が叫ばれるようになったが、その趣旨は「非経済主義」でドラッカーが当初より主張していたことと大きく重なり合う。今まさに「経済的合理性を超えた社会的合理性」を実現すべく、統合的経営合理性の経営学が必要とされているのである。

さらに発展著しいＡＩ（人工知能）をめぐる問題がある。企業が経済的合理性を追求するうえで、ＡＩの戦略的活用は喫緊の課題であるばかりか、日常的利用はもはや不可欠ですらある。しかしながら、優れた道具であればあるほど、深大な陥穽がともなうこともまた見過ごしえない。われわれ人間がＡＩを使っているのが、逆にＡＩに使われていることになってしまうならば、新たな疎外をもたらしただけでしかない。ＡＩの発展は、そのまま人間の存在に対する問いとなる。今ふたたびわれわれは「人間とは何か。いかにあるべきか」という根本的な問題を突きつけられている。かつてない深刻さをもって、現代に生きるわれわれはその問いに答えていかなければならない。もとより、これはひいては最終的に社会的合理性へ行き着く問題である。これら経済的合理性と社会的合理性の現代的な要請を調整・調和し、新しい統合的経営合理性を実現することが今日の経営学にもとめられているのである。

ドラッカーという存在は、このような経営学の現代的課題に対する大きな示唆となる。確かに時代的な限界を免れることはできず、彼の理論すべてが有効というわけではない。彼のいう「マネジメント」の概念も進化とともに肥大化し、ある種の万能概念と化した感は否めない。しかしその核にある「人間の学」たるアプローチには、時代を超えた普遍性が見出せる。彼のマネジメント＝統合的経営合理性における思考の座標軸は個別行為主体、つまるところは人間一人ひとりにある。そしてそれらの意思決定＝「責任ある選択」を究極的な焦点とするがゆえに、そこには必ず「規範」と「実践」がともなう。「規範」としての「責任」ある「選択」を「実践」するのが、「マネジメント」なのである。「人間が人間であること」が「意思決定すること」にあるとすれば、ドラッカー経営学はまさに「人間が人間であるための経営学」である。人間一人ひとりが自らの手によって、「経済的合理性を超えた社会的合理性」の社会、即ち「新しい社会」を実践し実現していく経営学なのである。

ひるがえって「マネジメント」概念にあらわされているのは、働き手一人ひとりが自ら「自由」＝「責任ある選択」を行う意思決定主体であることを正視し、いかにして人間としての尊厳を守るかを問う経営の哲学にして実践論である。人と社会にとって真に必要なものは何か、そしてそのために何をすべきかを問いつづけた結果として、「マネジメント」というアプローチは進化していった。これこそドラッカー経営学が統合的経営合理性を追求し、ひいては経営学がめざす実学の一類型を実現できた最大の理由といってよい。そしてこの進化しゆく「マネジメント」の展開プロセスは、経営学とは経済学のような論理的・体系的な理論ではなく、応用を中心とした方法論であることを示すものでもある。いわばドラッカーという存在じたいが、経営学という学問のあり方を体現しているのである。かくみるかぎり、ドラッカー経営学はいまだ現代的な意義を失っていない。むしろ逆に、これからの時代にこそもとめられる「人間の学」として、経営学のあるべき姿をあらわすシンボルでありつづけているのである。

（春日　賢）

参考文献

（原著を参照した邦訳文献は原則として「外国語文献」中の各文献の末尾に掲載している。）

外国語文献

Abegglen, J. C. (1958), *The Japanese Factory: Aspects of its Social Organization*, The Massachusetts Institute of Technology. (山岡洋一訳『日本の経営（新訳版）』日本経済新聞社、二〇〇四年。)

Abegglen, J. C. (1973), *Management and Worker: The Japanese Solution*, Tokyo: Kodansha International. (占部都美・森義昭訳『日本の経営から何を学ぶか—新訳日本の経営—』ダイヤモンド社、一九七四年。)

Abernathy, W. J. and Utterback, J. M. (1978), "Patterns of Industrial Innovation," *Technology Review*, Vol. 80, No. 7, pp. 40–47.

Adams, S. J. (1963), "Toward an Understanding of Inequity," *Journal of Abnormal and Social Psychology*, Vol. 67, No. 5, pp. 422–436.

Adler, P. S. (1992), "The Learning Bureaucracy: New United Motor Manufacturing, INC.," *Researching in Organizational Behavior*, Vol. 15, pp. 1–93.

Adler, P. S. and Borys, B. (1996), "Two Types of Bureaucracy: Enabling and Coercive," *Administrative Science Quarterly*, Vol. 41, pp. 61–89.

Albach, H. (2005), Betriebswirtschaftslehre ohne Unternehmensethik!, in: *ZfB*, 75. Jg. Heft 9., S. 809–831.

Alchian, A. A. and Demsetz, H. (1972), "Production, Information Costs, and Economic Organization," *American Economic Review*, Vol. 62, pp. 777–795.

Arrow, K. J. (1962), "Economic Welfare and the Allocation of Resources for Invention," in National Bureau of Economic Research (ed.), *The Rate and Direction of Inventive Activity: Economic and Social Factors*, Princeton University Press.

Bain, Joe S. (1956), *Barriers to New Competition*, Harvard University Press, Cambridge.

Bain, Joe S. (1968), *Industrial Organization: A Treatise*, John Wiley.

Barney, J. (1986), "Strategic factor markets: Expectations, luck, and business strategy," *Management Science*, Vol. 42, pp. 1231-1241.

Barney, J. (1991), "Firm Resources and Sustained Competitive Advantage," *Journal of Management*, Vol. 17, No. 1, pp. 99-120.

Barney, J. (2018), "Why Resource-based Theory's Model of Profit Appropriation Must Incorporate a Stakeholder Perspective," *Strategic Management Journal*, Vol. 39, pp. 3305-3325.

Barney, J. (2021), "Resource-Based Theory and the Value Creation Framework," *Journal of Management*, Vol. 47, No. 7, pp. 1936-1955.

Barney J., Ketchen J. and Wright M. (2011), "The Future of Resource-Based Theory: Revitalization or Decline?" *Journal of Management*, Vol. 37, No. 5, pp. 1299-1315.

Bass, B. M. and Bass, R. (2008), *The Bass Handbook of Leadership: Theory, Research, and Managerial Applications*, 4th ed., Free Press.

Berle, A. A. and Means, G. C. (1932), *The Modern Corporation and Private Property*, New York, The Macmillan Company.（北島忠男訳『近代株式会社と私有財産』分雅堂銀行研究社、一九五八年。）

Blake, R. and Mouton, J. (1964), *The Managerial Grid*, Gulf Publishing Company.

Borney, G. M. and Saviolo, S. (2021), *The Branded Supply Chain: A New Perspective on Value Creation in Branding*, Bocconi University Press.

Bown, H. R. (1953), *Social Responsibilities of the Businessman*, New York: Harper & Row.

Brammer, S. and Pavelin, S. (2005), "Corporate Community Contributions in the United Kingdom and the United States," *Journal of Business Ethics*, Vol. 56, No. 1, pp. 15-26.

Bratton, J. and Gold, J. (2003), *Human Resource Management: Theory and Practice*, 3rd ed., Palagrave Macmillan.（上林憲雄・原口恭彦・三崎秀央・森田雅也監訳『人的資源管理—理論と実践—（第三版）』文眞堂、二〇〇九年。）

Brzustewicz, P., Escher, I., Hermes, J. and Ulkuniemi, P. (2021), "Value Creation in Company-NGO Collaboration in Corporate Volunteering," *Journal of Business & Industrial Marketing*, Vol. 36, No. 8, pp. 1504-1519.

Burns, T. and Stalker, G. M. (1961), *The Management of Innovation* (Revised ed.), Oxford University Press.

Caligiuri, P., Mencin, A. and Jiang, K. (2013), "WIN-WIN-WIN: The Influence of Company Sponsored Volunteerism Programs on Employees, NGOs, and Business Units," *Personnel Psychology*, Vol. 66, No. 4, pp. 825-860.

Carroll, A. B. (1979), "A Three-dimensional Conceptual Model of Corporate Performance," *Academy of Management Review*, Vol. 4, No. 4, 497-505.

Carroll, A. B. (1991), "The Pyramid of Corporate Social Responsibility: Toward the Moral Management of Organizational Stakeholders," *Business Horizons*, Vol. 34, No. 4, pp. 39-48.

Carroll, A. B. (2003), *Business and Society: Ethics and Stakeholder Management* (5th ed.), Thomson-South-Western.

Cheng, Iannou and Serafafeim (2014), "Corporate Social Responsibility and Access to Finance," *Strategic Management Journal*, Vol. 35, pp. 1-23.

Cheshrough, H. (2003), *Open Innovation*, Harvard Business School Press.

Child, J. (1972), "Organizational Structure, Environment and Performance: The Role of Strategic Choice," *Sociology*, Vol. 6, No. 1, pp. 2-22.

Clegg, S. and Lounsbury, M. (2009), "Weber: Sintering the Iron Cage: Translation, Domination, and Rationality," in Adler, P. S. (ed.), *The Oxford Handbook of Sociology and Organization Studies*, Oxford University Press, pp. 118-145.

Coase, R. H. (1937), "The Nature of the Firm," *Economica*, n. s. 4.

Coase, R. H. (1988), *The Firm, The Market, and The Law*, Universsity of Chicago Press.

Collins, J. and Porras, J. I. (1994), *Built to Last: Successful Habits of Visionary Companies*, Curtis Brown Ltd.（山岡洋一訳『ビジョナリーカンパニー：時代を超える生存の原則』日経ＢＰ、一九九五年。）

Collins, R. (1994), *Four Sociological Traditions*, Oxford University Press, Inc.（友枝敏雄訳『ランドル・コリンズが語る社会学の歴史』有斐閣、一九九七年。）

Collis, J. and Montgomery, Cynthia A. (1997), *Corporate Strategy: A Resource-based Approach*, Irwin/McGraw-Hill.（根来龍之・蛭田啓・久保亮一訳『資源ベースの経営戦略』東洋経済新報社、二〇〇四年。）

Cook, J. and Burchell, J. (2018), "Bridging the Gaps in Employee Volunteering: Why the Third Sector Doesn't Always Win," *Nonprofit and Voluntary Sector Quarterly*, Vol. 47, No. 1, pp. 165–184.

Cycyota C. S., Ferrante, C. J. and Schroeder, J. M. (2016), "Corporate Social Responsibility and Employee Volunteerism: What Do the Best Companies Do?," *Business Horizons*, Vol. 59, pp. 321–329.

Cyert, R. M. and March, J. G. (1963), *A Behavioral Theory of the Firm*, Prentice Hall.（松田武彦監訳『企業の行動理論』ダイヤモンド社、一九六七年。）

Daft, R. L. (2001), *Essentials of Organization Theory & Design*, 2nd ed., South-Western College Publishing.（髙木晴夫訳『組織の経営学：戦略と意思決定を支える』ダイヤモンド社、二〇〇二年。）

Dahlsrud, A. (2008), "How Corporate Social Responsibility is Defined: an Analysis of 37 Definitions," *Corporate Social Responsibility and Environmental Management*, Vol. 15, pp. 1–13.

Deal, T. E. and Kennedy, A. A. (1982), *Corporate Cultures: The Rites and Rituals of Corporate Life*, Reading: Addision-Wesley.（城山三郎訳『シンボリック・マネジャー』新潮社、一九八三年。）

Deloitte Development (2014), The 2014 Millennial impact report: Inspiring the next generation workforce (https://www.themillennialimpact.com/sites/default/files/reports/MIR_2014.pdf, Accessed October 17, 2021).

Demsetz, Harold (1973), "Industry Structure, Market Rivalry, and Public Policy," *Journal of Law and Economics*, Vol. 16, pp. 1–9.

Dierickx, I. and Cool, K. (1989), "Asset Stock Accumulation and Sustainability of Competitive Advantage," *Management Science*, Vol. 35, pp. 1504–1511.

Donaldson, T. and Preston, L. E. (1995), "The Stakeholder Theory of the Corporation: Concepts, Evidence, and Implications," *The Academy of Management Review*, Vol. 20, No. 1, pp. 65–91.

Dore, R. P. (1973), *British Factory-Japanese Factory: The Origins of National Diversity in Industrial Relation*, London: Allen & Unwin.（山之内靖・永易浩一訳『イギリスの工場・日本の工場：労使関係の比較社会学』筑摩書房、一九八七年。）

Dreesbach-Bundy, S. (2017), "Corporate Volunteering: A bibliometric Analysis from 1990–2015," *Business Ethics*, Vol. 26, pp. 240–256.

Drucker, P. F. (1939), *The End Economic Man: The Origins of Totalitarianism*, John Day.（岩根忠訳『経済人の終わり』東洋

経済新報社、一九六三年。）
Drucker, P. F. (1942), *The Future of Industrial Man: A Conservative Approach*, John Day.（岩根忠訳『産業にたずさわる人の未来』東洋経済新報社、一九六四年。）
Drucker, P. F. (1954), *The Practice of Management*, Harper & Brothers.（上田惇生訳『現代の経営（上・下）』ダイヤモンド社、一九九六年。）
Drucker, P. F. (1973), *Management: Tasks, Responsibilities, and Practices*, Harper & Row.（野田一夫・村上恒夫監訳『マネジメント—課題・責任・実践—（上・下）』ダイヤモンド社、一九七四年。）
Evan, W. M. and Freeman, R. E. (1988), "A Stakeholder Theory of the Modern Corporation: Kantian Capitalism," in Beauchamp, T. L. and Bowie N. E. (eds.), *Ethical Theory and Business*, Prentice Hall, pp. 97–106.
Fagerberg, J. (2005), "Innovation: A Guide to the Literature," in Fagerberg, J., Mowery, D. C. and Nelson, R. R. (eds.), *The Oxford Handbook on Innovation*, Oxford University Press.
Fagerberg, J. and Verspagen, B. (2009), "Innovation Studies: The Emerging Structure of a New Scientific Field," *Research Policy*, Vol. 38, pp. 218–233.
Fagerberg, J., Fosaas, M. and Sapprasert, K. (2012), "Innovation: Exploring the Knowledge Base," *Research Policy*, Vol. 41, pp. 1132–1153.
Fairhurst, G. T. and Grant, D. (2010), "The Social Construction of Leadership: A Sailing Guide," *Management Communication Quarterly*, Vol. 24, No. 2, pp. 171–210.
Fairhurst, G. T. and Uhl-Bien, M. (2012), "Organizational Discourse Analysis (ODA): Examining Leadership as a Relational Process," *The Leadership Quarterly*, Vol. 23, pp. 1043–1062.
Falkenberg and Brunsæl (2011), "Corporate Social Responsibility: A strategic Advantage or a Strategic Necessity?," *Journal of Business Ethics*, Vol. 99, pp. 9–16.
Fayol, H. (1916), *Industrielle et Générale*, Bulletin de la Societe de I Industrie Minerale.（山本安次郎訳『産業ならびに一般の管理』ダイヤモンド社、一九八五年。）
Festinger, L. (1957), *A theory of Cognitive Dissonance*, Stanford University Press.
Fiedler, F. E. (1967), *A Theory of Leadership Effectiveness*, McGrew-Hill.（山田雄一訳『新しい管理者像の探求』産業能率短期

大学出版部、一九七〇年。)
Financial Reporting Council (2020), The UK Stewardship Code.
Flammer, C. (2015), "Does Corporate Social Responsibility Lead to Superior Financial Performance? A Regression Discontinuity Approach," *Management Science*, Vol. 61, No. 11, pp. 2549-2568.
Freeman, C. (1973), "A Study of Success and Failure in Industrial Innovation," in Williams, B. R. (ed.), *Science and Technology in Economic Growth: Proceedings of a Conference held by the International Economic Association at St Anton*, Austria, The Macmillan Press, Ltd., pp. 227-245.
Freeman, C. and Soete, L. (1997), *The Economics of Industrial Innovation*, 3rd ed., Pinter.
Freeman, C., Sinclair, T. C., Krauch, H. and Coenen, R. (1972), "Editorial: Research Policy," *Research Policy*, Vol. 1, pp. 1-2.
Freeman, R. E. (1984), *Strategic Management: A Stakeholder Approach* (Pitman series in business and public policy), Boston: Pitman.
Freeman, R. E., Harrison, J. S. and Wicks, A. C. (2007), *Managing for Stakeholders: Survival, Reputation, and Success*, Yale University Press, New Haven & London.(中村瑞穂[代表訳者]『利害関係者志向の経営—存続・世評・成功—』白桃書房、二〇一〇年。)
Freeman, R. E., Harrison, J. S., Wicks, A. C., Parmar, B. L. and Colle, S. De (2010), *Stakeholder Theory: The State of the Art*, Cambridge: Cambridge University Press.
Friedman, M. (1970), "The Social Responsibility of Business is to Increase its Profits," *New York Times Magazines*, Vol. 13, pp. 122-126.
Ftynas, J. G. and Yamahaki, Camila (2016), "Corporate Social Responsibility: Review and Roadmap of Theoretical Perspectives," *Business Ethics: A European Review*, Vol. 25, No. 3, pp. 258-286.
Gagne, M. and Deci, E. L. (2005), "Self-determination Theory and Work Motivation," *Journal of Organizational Behavior*, Vol. 26, pp. 331-362.
Garriga and Melé (2004), "Corporate Social Responsibility Theories: Mapping the Territory," *Journal of Business Ethics*, Vol. 53, pp. 51-71.
Giddens, A. (1993), *New Rules of Sociological Method: A Positive Critique of Interpretative Sociology*, 2nd ed., Cambridge: Polity

Press.（松尾精文・藤井達也・小幡正敏訳『社会学の新しい方法基準――理解社会学の共感的批判――』而立出版、二〇〇〇年。）
Gillan, S. T., Koch, A. and Starks, L. T. (2021), "Firms and Social Responsibility: A Review of ESG and CSR Research in Corporate Finance," *Journal of Corporate Finance*, Vol. 66, No. 3, pp. 1-16.
Global Compact Netzwerk Deutschland. (2018), New Momentum for Reporting on Sustainability? Study on Implementation of the German CSR Directive Implementation Act.
Global Sustainable Investment Alliance (2021), *Global Sustainable Investment Review 2020.*
Godin, B. (2006), "The Linear Model of Innovation: The Historical Construction of an Analytical Framework," *Science, Technology, & Human Values*, Vol. 31, No. 6, pp. 639-667.
Gospel, H. (2019), "Human Resource Management: A Historical Perspective," in Wilkinson, A., Bacon, N., Snell, S. and Lepak, D. (eds.), *The SAGE Handbook of Human Resource Management Second Edition*, Sage Publications.
Gouldner, A. W. (1954), *Patterns of Industrial Bureaucracy*, New York: The Free-press Glencoe.（岡本秀昭・塩原勉編訳『産業における官僚制』ダイヤモンド社、一九六三年。）
Governance & Accountability Institute, Inc. (2020), *G&A's 2020 Russell 1000 Flash Report.*
Grossman, S. and Hart, O. (1986), "The costs and benefits of ownership: a theory of vertical and lateral integration," *Journal of Political Economy*, Vol. 94, pp. 691-719.
Guest, D. E. (1997), "Human Resource Management and Performance: A review and Research Agenda," *International Journal of human Resource Management*, Vol. 8, No. 3, June, pp. 263-276.
Gutenberg, E. (1929), *Die Unternehmung als Gegenstand betriebswirtschaftlicher Theorie.*（高橋慧訳『経営経済学の対象としての企業』法律文化社、一九七八年。）
Gutenberg, E. (1951), *Grundlagen der Betriebswirtschaftslehre. Bd. 1 Die Produktion* (23. Aufl. 1979), Berlin/Göttingen/Heidelberg.（溝口一雄・高田馨訳『経営経済学原理　第一巻　生産論』千倉書房、一九五七年［原著第二版の翻訳］。）
Gutenberg, E. (1955), *Grundlagen der Betriebswirtschaftslehre, Bd. 2 Der Absatz*, Berlin/Göttingen/Heidelberg.（溝口一雄・高田馨訳『経営経済学原理　第二巻　販売論』千倉書房、一九五八年［原著第二版の翻訳］。）
Gutenberg, E. (1969), *Grundlagen der Betriebswirtschaftslehre, Bd. 3 Die Finanzen*, Berlin/Göttingen/Heidelberg.（溝口一雄・森昭夫・小野二郎訳『経営経済学原理　第三巻　財務論』千倉書房、一九七七年［原著第三版の翻訳］。）

Hart, O. and Moore, J. (1990), "Property rights and the nature of the firm," *Journal of Political Economy*, Vol. 98, pp. 1119–1158.

Hart, S. (1995), "A natural resource-based view of the firm," *Academy of Management Review*, Vol. 20, pp. 986–1014.

Hatch, M. J. (2013), *Organization Theory: Modern, Symbolic and Postmodern Perspective*, 3rd ed., Oxford University Press. (大月博司・日野健太・山口善昭訳『Hatch 組織論』同文舘出版、二〇一七年。)

Hersey, P., Blanchard, K. H. and Johnson, D. E. (1996), *Management of Organizational Behavior: Utilizing Human Resources*, Prentice Hall. (山本成二・山本あづさ訳『行動科学の展開〔新版〕』生産性出版、二〇〇〇年。)

Hou, J., Qian, L. and Zhang, C. (2020), "Understanding the Effects of Colleague Participation and Public Cause Proximity on Employee Volunteering Intentions: The Moderating Role of Power Distance," *Frontiers in Psychology*, Vol. 11, pp. 1–13.

House, R. J. (1971), "A Path Goal Theory of Leader Effectiveness," *Administrative Science Quarterly*, Vol. 16, No. 3, pp. 321–339.

Howell, J. M. and Shamir, B. (2005), "The Role of Followers in the Charismatic Leadership Process: Relationships and Their Consequences," *Academy of Management Review*, Vol. 30, No. 1, pp. 96–112.

IMPACT 2030 (2020), Volunteer for An Inclusive Future: The Practice and Potential of Employee Volunteering in Turkey (https://www.impact2030.com/home, Accessed October, 17, 2021).

Jacobsen, L. (2013), "On Robinson, Penrose, and the resource-based view," *European Journal History of the Economic Thought*, Vol. 20, No. 1, pp. 125–147.

Jacoby, S. (2005), *The Embedded Corporation*, Princeton University Press. (鈴木良治・伊藤健市・堀龍二訳『日本の人事部・アメリカの人事部—日米企業のコーポレート・ガバナンスと雇用関係—』東洋経済新報社、二〇〇五年。)

Jensen, M. C. (2000), *A Theory of the Firm: Governance, Residual Claims and Organization Forms*, Harvard Unicersity Press, Massachusetts.

Jensen, M. C. (2002), "Value Maximization, Stakeholder Theory and Corporate Objective Function," *Business Ethics Quarterly*, Vol. 12, No. 2, pp. 235–256.

Jensen, M. C. and Meckling, W. H. (1976), "Theory of the Firm: Managerial Behavior, Agency Costs, and Ownership Structure," *Jornal of Financial Economics*, Vol. 3, pp. 305–360.

Kaufman, B, E., (2007), "The Development of HRM in Historical and International Perspective," in Boxall, P., Purcell, J. and Wright, P. (eds.), *The Oxford Handbook of Human Resource Management.*

Kline, S. J. (1985), "Innovation is Not a Linear Process," *Research Management*, Vol. 28, No. 4, pp. 36–45.

Kline, S. J. and Rosenberg, N. (1986), "An Overview of Innovation," in Landau, R. and Rosenberg, N. (eds.), *The Positive Sum Strategy*, National Academy Press, pp. 275–305.

Kotter, J. (1982), *The General Managers*, Free Press.（金井壽宏訳『ザ・ゼネラル・マネジャー』ダイヤモンド社、一九八四年。）

Lee, Min-Dong Paul (2008), "A Review of the Theories of Corporate social Responsibility: Its Evolutionary Path and the Road Ahead," *International Journal of Management Review*, Vol. 10, No. 1, pp. 53–73.

Locke, E. A. and Latham, G. P. (1990), *A Theory of Goal Setting and Task Performance*, Englewood Cliffs, NJ: Prentice-Hall.

March, J. G. and Simon, H. A. (1958), *Organizations*, Wiley.（土屋守章訳『オーガニゼーションズ』ダイヤモンド社、一九七七年。）

March, J. G. and Simon, H. A. (1993), *Organizations*, 2nd ed., Cambridge, MA Blackwell.（高橋伸夫訳『オーガニゼーションズ：現代組織論の原点』ダイヤモンド社、二〇一四年。）

Matten, D. and Moon, J. (2008), "'Implicit' and 'Explicit' CSR: A Conceptual Framework for a Comparative Understanding of Corporate Social Responsibility," *Academy of Management Review*, Vol. 33, No. 2, pp. 404–424.

McConkie, M. L. (1979), "A Clarification of the Goal Setting and Appraisal Processes in MBO," *Academy of Management Review*, Vol. 4, No. 1, pp. 29–40.

McWilliams, A. and Abagail, D. (2011), "Creating and Capturing Private and Social Value: Strategic Corporate Social Responsibility, Resource Based Theory and Sustainable Competitive Advantage," *Journal of Management*, Vol. 37, pp. 1480–1495.

Merton, R. K. (1968), *Social Theory and Social Structure* (enlarged ed.), New York: Free Press.（森東吾・森好夫・金沢実・中島竜太郎訳『社会理論と社会構造』みすず書房、一九六一年。）

Meyer, J. W. and Rowan, B. (1977), "Institutionalized Organizations: Formal Structure as Myth and Ccremony," *American Journal of Sociology*, Vol. 83, pp. 340–363.

Mintzberg, H. (1973), *The Nature of Managerial Work*, Harper Collins.（奥村哲史・須貝栄訳『マネジャーの仕事』白桃書房、

一九九三年。)

Mitchell, T. R. (1974), "Expectancy Models of Job Satisfaction, Occupational Preference and Effort: A Theoretical, Methodological, and Empirical Appraisal," *Psychological Bulletin*, Vol. 81, No. 12, pp. 1053–1077.

Moon, Hwy-Chang, Parc, Jimmyn, Yim, So Hyun and Park, Nari (2011), "Creating Shared Value (CSV): Reorienting Strategies and Seeking International Cooperation," *JOURNAL OF INTERNATIONAL AND AREA STUDIES*, Vol. 18, No. 2, pp. 49–64.

Nelson, R. R. (1959), "The Simple Economics of Basic Scientific Research," *Journal of Political Economy*, Vol. 67, No. 3, pp. 297–306.

Nelson, R. R. and Winter, S. G. (1977), "In Search of Useful Theory of Innovation," *Research Policy*, Vol. 6, pp. 36–76.

Orlitzky, Schmidt and Rynes (2003), "Corporate Social and Financial Performance: A Meta-analysis," *Organization Studies*, Vol. 24, No. 3, pp. 403–441.

Pavitt, K. (1984), "Sectoral Patterns of Technical Change: Towards a Taxonomy and a Theory," *Research Policy*, Vol. 13, pp. 343–373.

Peaucelle, Jean-Louis and Guthrie, C. (2013), "HENRI FAYOL," in Witzel, Morgen and Wamer, Malcolm (eds.), *The Oxford Handbook of Management Theorists*, Oxford University Press, pp. 49–73.

Penrose, E. T. (1959), *The Theory of the Growth of the Firm*, Oxford: Oxford University Press.

Perrow, C. (1972), *Complex Organizations: A Critical Essay*, Scott, Foreman and Company.(佐藤慶幸監訳『現代組織論批判』早稲田大学出版部、一九七八年。)

Peteraf, M. A. (1993), "The Cornerstones of Competitive Advantage: A Resource-Based View," *Strategic Management Journal*, Vol. 14, pp. 179–191.

Peters, T. J. and Waterman, R. H. (1982), *In Search of Excellence: Lessons from America's Best-Run Companies*, New York: Harper and Row.(大前研一訳『エクセレント・カンパニー:優良企業の条件』講談社、一九八三年。)

Pies, I. (2009), Moral als Produktionsfaktor, Ordonomische Schriften zur Unternehmensethik, Berlin.

Pinder, C. C. (1984), *Work Motivation: Theory, Issues, and Applications*, Harper Collins Publishers.

Porter, M. E. (1980), *Competitive Strategy*, Free Press.(土岐坤・中辻萬治・服部照夫訳『新訂　競争の戦略』ダイヤモンド社、

一九九五年。）
Porter, M. E.（1991）, “Towards a dynamic theory of strategy,” *Strategic Management Journal*, Vol. 12, No. S2, pp. 95–117.
Porter, M. E. and Kramer, M.（2006）, “The Link Between Competitive Advantage of Corporate Social Responsibility,” *Harvard Business Review*, HBR.（森本博行訳「競争優位のＣＳＲ戦略」『ダイヤモンドハーバードビジネスレビュー』二〇〇八年一月号。）
Porter, M. E. and Kramer, M.（2011）, “Creating Shared Value,” *Harvard Business Review*, Vol. 89, No. 1/2, pp. 62–77.（森本博行訳「共通価値戦略」『ダイヤモンドハーバードビジネスレビュー』二〇一一年六月号。）
Price, W. J. and Bass, L. W.（1969）, “Scientific Research and the Innovation Process,” *Science*, Vol. 175, No. 4021, pp. 477–486.
Reed, M.（2009）, “Bureaucratic Theory and Intellectual Renewal in Contemporary Organization Studies,” in Adler, P. S.（ed.）*The Oxford Handbook of Sociology and Organization Studies*, Oxford University Press, pp. 560–585.
Robbins, L.（1938）, “Interpersonal Comparisons of Utility: A Comment,” *The Economic Journal*, Vol. 48, pp. 635–641.
Robinson, J.（1938）, *The Economics of Imperfect Competition*, London: Macmillan.
Rodell, J. B., Booth, J. E. and Lynch, J. W. et al.（2017）, “Corporate Volunteering Climate: Mobilizing Employee Passion for Societal Causes and Inspiring Future Charitable Action,” *Academy of management Journal*, Vol. 60, No. 5, pp. 1662–1681.
Rodell, J. B., Breitsohl, H. and Schröder, M. et al.（2016）, “Employee Volunteering: A Review and Framework for Future Research,” *Journal of Management*, Vol. 42, No. 1, pp. 55–84.
Rothwell, R.（1974）, “Factors for Success in Industrial Innovation,” *Journal of General Management*, Vol. 2, No. 2, pp. 57–65.
Rothwell, R.（1977）, “The Characteristics of Successful Innovators and Technically Progressive Firms（with some comments on innovation research）,” *R&D Management*, Vol. 7, No. 3, pp. 191–206.
Rothwell, R.（1992）, “Successful Industrial Innovation: Critical Factors for the 1990s,” *R&D Management*, Vol. 22, No. 3, pp. 221–239.
Rothwell, R. and Zegveld, W.（1985）, *Reindustrialization and Technology*, Longman Group Limited.
Rothwell, R., Freeman, C., Horlsey, A., Jervis. V. T. P. and Townsend, J.（1974）, “SAPPHO Updated: Project SAPPHO Phase II,” *Research Policy*, Vol. 3, pp. 258–291.
Rumelt, R. P.（1984）, “Towards a Strategic Theory of the Firm,” *Competitive Strategic Management*, Vol. 26, No. 3, pp. 556–

570.
Sachs, J. D. et al. (2021), *Sustainable Development Report 2021: The Decade of Action for the Sustainable Development Goals*, Cambridge: Cambridge University Press.
Saviolo, S. (2020), *DE BEERS, BUILDING FOREVER*, SDA Bocconi School of Management, Milan, Italy.
Schein, E. H. (1985), *Organizational Culture and Leadership*, Jossey-Bass.（清水紀彦・浜田幸雄訳『組織文化とリーダーシップ』ダイヤモンド社、一九八九年。）
Schein, E. H. (1999), *The Corporate Culture Survival Guide: Sense and Nonsense about Culture Change*, San Francisco: Jossey-Bass Publishers.（金井寿宏・尾川丈一・片山佳代子訳『企業文化：生き残りの指針』白桃書房、二〇〇四年。）
Schwartz, M. S. and Carroll, A. B. (2003), "Corporate Social Responsibility: A Three-domain Approach," *Business Ethics Quarterly*, Vol. 13, No. 4, pp. 503-530.
Selznick, P. (1957), *Leadership in Administration*, Harper and Row.（北野利信訳『新訳　組織とリーダーシップ』ダイヤモンド社、一九七〇年。）
Shamir, B., House, R. J. and Arthur, M. B. (1993), "The Motivational Effects of Charismatic Leadership: A Self-concept Based Theory," *Organization Science*, Vol. 4, No. 4, pp. 577-594.
Simon, H. A. (1961), *Administrative Behavior: A Sutdy of Decision-Making Processes in Administrative Organization*, 2nd ed., Macmillan.（松田武彦・高柳暁・二村敏子訳『経営行動』ダイヤモンド社、一九六五年。）
Spanos Y. and Lioukas, S. (2001), "An Examination into the Causal Logic of Rent Generation: Contrasting Porter's Competitive Strategy Framework and the Resource-based Perspective," *Strategic Management Journal*, Vol. 22, No. 10, pp. 907-934.
Steinmann, H./Löhr, A. (1991), Unternehmensethik, 2. überarb. und erw. Aufl., Stuttgart.
Steinmann, H./Löhr, A. (1994), Grundlagen der Unternehmensethik, 2. Aufl., Stuttgart.
Strauss, G. (2001), "HRM in the USA: correcting some British impressions" *The International Journal of Human Resource Management*, Vol. 12, No. 6, September, pp. 873-897.
Taylor, F. W. (1911), *The Principles of Scientific Management*, New York: Harper & Row.（上野陽一訳「科学的管理法の原則」『科学的管理法　新版』産能大学出版部、一九六九年、二二三—二三六頁。）
Tead, O. and Metcalf, H. C. (1920), *Personnel Administration: Its Principles and Practice*, McGraw-Hill.

Thompson, J. D. (1967), *Organizations in Action*, New York: McGraw-Hill.（大月博司・廣田俊郎訳『行為する組織—組織と管理の理論についての社会科学的基盤—』同文館、二〇一二年。）

Townley, B. (1994), *Reframing Human Resource Management*, London, Sage.

Tschirhart, M. (2005), "Employee Volunteer Programs," in Brudney, J. L. (ed.), *Emerging areas of volunteering*, Vol. 1, No. 2, Indianapolis, IN: ARNOVA, pp. 13-30.

VolunteerMatch (https://www.volunteermatch.org/, Accessed October 17, 2021).

von Hippel, E. (1988), *The Sources of Innovation*, Oxford University Press.

Vroom, V. H. (1964), *Work and Motivation*, Johns-Wiley.（坂下昭宣・榊原清則・小松陽一・城戸康彰訳『仕事とモチベーション』千倉書房、一九八二年。）

Weber, M. (1921), Bürokratie (Grundriβ der Sozialükonomik, III. Abteilung, Wirtschaft und Gezelschaaft, Verlag von J. C. B. Mohr [Paul Siebeck], Tübingen, 1921-1922, Dritter Teil, Kap. VI, S. 650-678).（阿閉吉男・脇圭平訳『官僚制』恒星社厚生閣、一九八七年。）

Weber, M. (1922), Wirtschaft und Gesellschaft, Verlag Von J. C. B. Mohr.（清水幾太郎訳『社会学の根本概念』岩波書店、一九七二年。）

Weber, M. (1956), Wirtschaft und Gesellschaft, Grundriss der verstehenden Soziologie, vierte, neu herausgegebene Autflage, besorgt von Johannes harsg Winckelmann. J. C. B Mohr.（世良晃志郎訳『支配の社会学1』創文社、一九六〇年。）

Weber, M. (1968), *Economy and Society: An Interpretive Sociology*, 3, edited by Roth, G. and Wittich, C., New York: Bedminister (Original work published 1924).（濱嶋朗訳『権力と支配』講談社学術文庫、二〇一二年。）

Whitley, R. (1999), *Divergent Capitalisms: The Social Structuring and Change of Business Systems*, Oxford University Press.

Williamson, O. E. (1975), *Markets and Hierarchies: Analysis and Antitrust Implications*, Free Press.（浅沼萬里・岩崎晃訳『市場と企業組織』日本評論社、一九八〇年。）

Williamson, O. E. (1996), *The Mechanisms of Governance*, Oxford University Press.（石田光男・山田健介訳『ガバナンスの機構—経済組織の学際的研究—』ミネルヴァ書房、二〇一七年。）

Wren, D. A. (1994), *The Evolution of Management Thought*, 4th ed., John Wiley & Sons.（佐々木恒夫監訳『マネジメント思想の進化〔第四版〕』文眞堂、二〇〇三年。）

Wright, P. M. and McMahan, G. C. (1992), "Theoretical Perspectives for Strategic Human Resource Managemen," *Journal of Management*, Vol. 18, No. 2, June, pp. 295-320.

Zhang, Z., Wang, J. and Jia, M. (2020), "Integrating the Bright and Dark Sides of Corporate Volunteering Climate: Is Corporate Volunteering Climate a Burden or Boost to Employees," *British Journal of Management*, Vol. 33, pp. 494-511.

日本語文献

「インド新興企業、乳がん検査に新風　熱画像をＡＩ分析」日本経済新聞電子版二〇二〇年三月二九日。

ＡＫＩＮＤＯ委員会（一九九八）、『三方よし』第九号。

アバナシー、Ｗ・Ｊ／クラーク、Ｋ／カントロウ、Ｋ（一九八四）、日本興業銀行産業調査部訳／望月嘉幸監訳『インダストリアルルネサンス—脱成熟化時代へ』ＴＢＳブリタニカ。

石川伊吹（二〇〇五ａ）、「ＲＢＶの誕生・系譜・展望—戦略マネジメント研究の所説を中心として—」『立命館経営学』第四三巻第六号、一二三—一四〇頁。

石川伊吹（二〇〇五ｂ）、「資源ベースの戦略論における競争優位の源泉と企業家の役割—オーストリア学派の資本理論と企業家論のアプローチ—」『立命館経営学』第四十五巻第四号、一九五—二二二頁。

石田梅岩著／城島明彦訳（二〇一六）、『都鄙問答』致知出版社。

伊藤元重（二〇一八）、『ミクロ経済学　第三版』日本評論社。

稲森和夫（二〇一四）、『京セラフィロソフィ』サンマーク出版。

入山章栄（二〇一九）、『世界標準の経営理論』ダイヤモンド社。

ウェーバー、Ｍ／尾高邦雄訳（一九三六）、『職業としての学問』岩波書店。

ウェーバー、Ｍ／清水幾太郎訳（一九七二）、『社会学の根本概念』岩波書店。

Ｈ＆Ｍ（二〇一七）、「Ｈ＆Ｍグループはサステイナビリティ・レポート２０１６で新しい目標を発表」『Ｈ＆Ｍグループ・サスティナビリティ・レポート２０１６』(https://about.hm.com/ja_jp/news/general-2017/hm-sustainability-report-2016.html 二〇二一年一一月七日最終アクセス)。

大河内暁男（一九七九）、『経営構想力』東京大学出版会。

大澤真幸（二〇一九）、『社会学史』講談社現代新書。

大西一弘（二〇一三）、『ミクロ経済学入門４：企業行動』経済科学研究所。

大橋昭一（二〇〇八）、「ホーソン実験・従業員面接活動の進展過程―インタビュー活動からカウンセリング活動へ」『關西大學商學論集』第五三巻第一号、五三―七一頁。

岡田正大（二〇一五）、「ＣＳＶは企業の競争優位につながるか」『ＤＩＡＭＯＮＤハーバード・ビジネス・レビュー』二〇一五年一月号、三八―五三頁。

岡田昌也・永田誠・吉田修（一九八〇）、『ドイツ経営学入門』有斐閣新書。

岡田行正（二〇〇八）、『新版アメリカ人事管理・人的資源管理史』同文館出版。

岡本康雄（一九七一）、「経営学と行動科学的アプローチ」『經營學論集』第四一号、一九―四七頁。

沖津直（二〇一一）、「不完全競争市場の理論レビュー（１）」『白鴎大学論集』16（1）。

奥村哲史（二〇〇一）、「合理性から見る組織」大月博司・藤田誠・奥村哲史『組織のイメージと理論』創成社、一一―二〇頁。

海道ノブチカ（二〇〇一）、「管理論の歴史」深山明・海道ノブチカ編著『経営学の歴史』中央経済社、七三―九三頁。

海道ノブチカ編著（二〇一三）、『グーテンベルク』経営学史叢書Ⅻ、文眞堂。

風間信隆（二〇〇三）、「ドイツにおける企業倫理」中村瑞穂『企業倫理と企業統治：国際比較』文眞堂。

風間信隆（二〇一七）、「ドイツにおけるコーポレート・ガバナンス・コードと多元的企業統治モデル」『商学研究』第六四巻第三号、関西学院大学、四七―七三頁。

風間信隆（二〇二〇）、「現代企業統治論の基本問題：利害関係者受託者責任と多元的企業統治」百田義治編著『現代経営学の基本問題』中央経済社、一五―三〇頁。

勝部信夫（二〇一九）、「株主主権論とコーポレート・ガバナンス―株主主権論は日本の企業経営に妥当するのか―」『経営哲学』第十六巻二号、経営哲学学会、十七―二九頁。

亀倉正彦（二〇〇五）、「〝資源の生産力〟としてのレント概念―競争優位とその持続の論理再考―」『三田商学研究』第四八巻第一号、二四九―二六三頁。

菊澤研宗（二〇〇六）、『組織の経済学入門：新制度派経済学アプローチ（改訂版）』有斐閣。

菊澤研修編著（二〇一八）、『ダイナミック・ケイパビリティの戦略経営論』中央経済社。

菊澤研宗（二〇一九）、『成功する日本企業には「共通の本質」がある』朝日新聞出版。

岸田民樹（一九八五）、『経営組織と環境適応』三嶺書房。

クリステンセン、C・M／伊豆原弓訳（二〇〇〇）、『イノベーションのジレンマ』翔泳社。

経営学史学会編（二〇〇二）、『経営学史事典』文眞堂。

KDDIの地方創生 Te to Te（https://www.kddi.com/corporate/csr/regional-initiative/ 最終アクセス日：二〇二一年一〇月一七日）。

厚生労働省雇用環境・均等局職業生活両立課（二〇二〇）、『授業員のボランティア活動支援のすすめ～社会と企業のさらなる発展を目指して～』。

河野大機編著（二〇一二）、『ドラッカー』経営学史叢書Ⅹ、文眞堂。

後藤伸（二〇一七）、「株主主権論の一考察―その歴史的形成と理論的根拠を中心に―」『Project Paper』№37、神奈川大学、一―二三頁。

琴坂将広（二〇一八）、『経営戦略原論』東洋経済新報社。

権泰吉（一九七一）、「行動科学的経営学の性格」『經營學論集』第三一号、三―一七頁。

今野元（二〇二〇）、『マックス・ヴェーバー：主体的人間の悲喜劇』岩波書店。

榊原研互（二〇一三）、「グーテンベルク経営経済学の方法論的特質」経営学史学会監修／海道ノブチカ編著『グーテンベルク』経営学史叢書Ⅻ、文眞堂、二二―四三頁。

佐々木恒男（二〇一一）、「ファヨール理論の現代的意義」経営学史学会監修／佐々木恒男編『ファヨール：ファヨール理論とその継承者たち』経営学史叢書Ⅱ、文眞堂、五二―六四頁。

笹谷秀光（二〇一九）、「ISO26000活用のESG／SDGsマトリックスによる非財務情報発信の効果検証―新たなサステナビリティ・マネジメントの提言―」『グローバルビジネスジャーナル』五巻一号、グローバルビジネス学会、二五―三五頁。

サントリーグループ ニュースリリース（https://www.suntory.co.jp/news/article/13704.html 最終アクセス日：二〇二一年一〇月一七日）。

柴田明（二〇一三）、『ドイツ・システム論的経営経済学の展開』中央経済社。

柴田明（二〇一四）、「ドイツ経営経済学における「ステイクホルダー」―理論的展開とその実践的関連から―」『香川大学経済論叢』第八七巻第一・二号、一四五―一七四頁。

柴田仁夫（二〇一三）、「経営理念の浸透に関する先行研究の一考察」埼玉大学経済学会『経済科学論究』第十号、二七―三八頁。

渋沢栄一著／草柳大蔵解説（一九八五）、『論語と算盤』大和出版。

シュムペーター、J・A／塩野谷祐一・中山伊知郎・東畑精一訳（一九七七）、『経済発展の理論（上）』岩波書店。

杉野勇（一九九五）、「『合理性』の概念特性―ヴェーバーの合理性類型論の再検討」東京大学『ソシオロゴス』No.19。

鈴木貴大（二〇二〇）、「企業の『経済性』と『社会性』の両立に向けたSDGsの実践における課題」『政経研究』第五七巻第二号、日本大学法学会、一八四―二一〇頁。

ダイキン工業CSR・環境（https://www.daikin.co.jp/csr/　最終アクセス日：二〇二一年一〇月一七日）。

高井文子（二〇一八）、『インターネットビジネスの競争戦略：オンライン証券の独自性の構築メカニズムと模倣の二面性』有斐閣。

高橋成夫（二〇一九）、「経営戦略における社会的視点」『新潟産業大学経済学紀要』第五四号、一五―二四頁。

高橋由明（一九八三）、『グーテンベルク経営経済学』中央大学出版部。

高橋由明（二〇一五）、「『新制度派経済学』学派の企業理論の基本的性格と特徴：アルチャンとデムゼッツ、ジェンセン、ウィリアムソン」中央大学商学研究会『商学論纂』第五六巻五・六号、一八五―二四九頁。

高橋由明（二〇一六）、「『新制度派経済学』の思想的基盤と新自由主義」中央大学商学研究会『商学論纂』第五六巻五・六号、三九九―四五五頁。

竹林浩志（二〇一三）、「ホーソン・リサーチ―人間関係論の形成―」経営学史学会監修／吉原正彦編『メイヨー＝レスリスバーガー―人間関係論―』経営学史叢書Ⅲ、文眞堂、四五―八八頁。

ダートウゾス、M・L／レスター、R・K／ソロー、R・M／依田直也訳（一九九〇）、『Made in America―アメリカ再生のための米日欧産業比較』草思社。

谷本寛治（二〇〇六）、『CSR―企業と社会を考える―』NTT出版。

ティッド、J／ベサント、J／パビット、K／後藤晃・鈴木潤訳（二〇〇四）、『イノベーションの経営学』NTT出版。

東京財団政策研究所（二〇一八）、『研究報告　CSR白書2018：CSRの意義の再確認』。

トンプソン、J・D／高宮晋監訳、鎌田伸一・新田義則・二宮豊志訳（一九八七）、『オーガニゼーションインアクション』同文舘。

長岡克行（一九八四）、『企業と組織―グーテンベルク経営経済学研究―』千倉書房。

中川誠士（二〇一二）、「テイラーの生涯と業績」経営学史学会監修／中川誠士編『テイラー』経営学史叢書Ⅰ、文眞堂、一―二五頁。

仲正昌樹（二〇一四）、『マックス・ウェーバーを読む』講談社現代新書。

中村瑞穂（一九九七）、「企業倫理への接近と日本における意識」『明治大学社会科学研究所紀要』第三五巻第二号、一八九―二〇〇頁。

中村瑞穂（二〇〇一）、「企業倫理実現の条件」『明治大学社会科学研究所紀要』第三九巻第二号、八七―九九頁。

中村瑞穂編著（二〇〇三）、『企業倫理と企業統治―国際比較―』文眞堂。

年金積立金管理運用独立行政法人（GPIF）HP（https://www.gpif.go.jp/investment/esg/ 最終アクセス日：二〇二一年八月三〇日）。

野口雅弘（二〇二〇）、『マックス・ウェーバー―近代と格闘した思想家―』中公新書。

野中郁次郎・竹中弘高（一九九六）、『知識創造企業』東洋経済新報社。

バーニー、ジェイ・B／岡田正大訳（二〇〇三）、『企業戦略論―中―事業戦略編（競争優位の構築と持続）』ダイヤモンド社。

花村信也（二〇二〇）、「ESG投資のリスクプレミアム」『立命館経営学』第五九巻第一号、立命館大学経営学会、一三―三五頁。

平田光弘（一九七一）、『グーテンベルクの経営経済学』森山書店。

藤田誠（二〇〇一）、「機械的・階層的組織観」大月博司・藤田誠・奥村哲史『組織のイメージと理論』創成社、二一―四〇頁。

ポーター、M・E／土岐坤・小野寺武夫・中辻万治・戸成富美子訳（一九九二）、『国の競争優位（上・下）』ダイヤモンド社。

ポーター、M・E／竹内弘高・DIAMONDハーバード・ビジネス・レビュー編集部訳（二〇一八）、『競争戦略論Ⅰ』ダイヤモンド社。

間嶋崇（二〇一一）、「プロセス・スクール批判の再検討」経営学史学会監修／佐々木恒男編『ファヨール：ファヨール理論とその継承者たち』経営学史叢書Ⅱ、文眞堂、一九四―二〇三頁。

松下幸之助（一九八六）、『私の生き方考え方』PHP文庫。

松下幸之助（二〇〇一）、『実践経営哲学』PHP文庫。

松嶋登・浦野充洋（二〇〇七）、「制度変化の理論化：制度派組織論における理論的混乱に関する一考察」『国民経済雑誌』第一九六巻第四号、三三―六三頁。

マンキュー、N・グレゴリー／足立英之・石川城太・小川英治・地主敏樹・中馬宏之・柳川隆訳（二〇一三）、『マンキュー経済学ミクロ編［第三版］』東洋経済新報社。

万仲脩一（一九八三）、『グーテンベルク学派の経営経済学』千倉書房。

万仲脩一（二〇〇一）、『企業体制論：シュタインマン学派の学説』白桃書房。

万仲脩一（二〇〇四）、『企業倫理学：シュタインマン学派の学説』西日本法規出版。

万仲脩一（二〇一三）、「グーテンベルク―その経営経済学の形成と特質―」経営学史学会監修／海道ノブチカ編著『グーテンベルク』経営学史叢書Ⅻ、文眞堂、一―二一頁。

水村典弘（二〇〇四）、『現代企業とステークホルダー―ステークホルダー型企業モデルの新構想―』文眞堂。

水村典弘（二〇〇八）、『ビジネスと倫理―ステークホルダー・マネジメントと価値創造―』文眞堂。

宮田将吾（二〇一三）、「グーテンベルク経営経済学の管理論的側面」経営学史学会監修／海道ノブチカ編著『グーテンベルク』経営学史叢書Ⅻ、文眞堂、八六―一〇七頁。

宮原浩二郎（一九八七）、「手段性をこえて：ウェーバー行為類型と価値意識分析」関西学院大学社会学部紀要、五四巻。

深山明（二〇一三）、「グーテンベルクの生産論」経営学史学会監修／海道ノブチカ編著『グーテンベルク』経営学史叢書Ⅻ、文眞堂、四四―六五頁。

深山明（二〇一七）、『企業危機とコントローリング』関西学院大学出版会。

村上綱実（二〇〇二）、「ネットワーク組織と官僚制理論」『応用社会学研究』第四十四巻、四七―五七頁。

村田稔編著（一九八五）、『経営社会学』日本評論社。

藻利重隆（一九六六）、『労務管理の基礎（増補版）』千倉書房。

八木俊輔（二〇一八）、「企業のサステナビリティ戦略とマネジメント・コントロール―ESG、統合報告、SDGsへの対応―」『経営学論集』八九集、日本経営学会、（四九）―一―七頁。

山田真茂留（二〇一七）、「官僚制と近代組織」友枝俊雄・浜日出夫・山田真茂留編『社会学の力：最重要概念・命題集』有斐閣、六八―七一頁。

吉田和夫（一九六二）、『グーテンベルク経営経済学の研究』法律文化社。

吉田浩（二〇〇五）、「マックス・ウェーバーにおける『形式合理性』と『実質合理性』との二律背反関係について：ウェーバー合理化論の批判的検討」徳島大学社会科学研究。

吉原正彦（二〇一三）、「まえがき」経営学史学会監修／吉原正彦編『メイヨー＝レスリスバーガー―人間関係論―』経営学史叢書Ⅲ、文眞堂、ix―xi頁。

ルメルト、リチャード・P／村井章子訳（二〇一二）、『良い戦略、悪い戦略』日本経済新聞社。

経営学史叢書第Ⅱ期　第４巻　合理性

『合理性から読み解く経営学』執筆者

風間　信隆（明治大学　経営学史学会会員　巻責任編集者
まえがき・序章）
鈴村美代子（成蹊大学　経営学史学会会員　第一章・第二章）
柴田　明（日本大学　経営学史学会幹事　第三章）
伊藤　真一（関東学園大学　経営学史学会会員　第四章）
寺本　直城（拓殖大学　経営学史学会会員　第五章）
山口　尚美（香川大学　経営学史学会会員　第六章・第七章）
西　剛広（明治大学　第八章・第九章）
山中　伸彦（立教大学　経営学史学会会員　第一〇章）
小島　愛（立命館大学　経営学史学会会員　第一一章）
鈴木　貴大（日本大学　経営学史学会会員　第一二章）
春日　賢（北海学園大学　経営学史学会会員　結章）

経営学史叢書第Ⅱ期　第４巻　合理性
合理性から読み解く経営学

令和三年一二月三一日　第一版第一刷発行　検印省略

経営学史学会監修
編著者　風間信隆
発行者　前野隆
東京都新宿区早稲田鶴巻町五三三
発行所　株式会社　文眞堂
〒一六二―〇〇四一
電話　〇三―三二〇二―八四八〇
FAX　〇三―三二〇三―二六三八
振替　〇〇一二〇―二―九六四三七
製作・モリモト印刷

---

http://www.bunshin-do.co.jp/

ISBN978-4-8309-5155-8　C3034

経営学史学会監修　『経営学史叢書第Ⅱ期』全7巻

第1巻　原理性『経営学の基礎――学史から総合的統一理論を探る――』
第2巻　生産性『生産性のマネジメント――付加価値向上への進化――』
第3巻　人間性『人間と経営――私たちはどこへ向かうのか――』
第4巻　合理性『合理性から読み解く経営学』
第5巻　戦略性『学史から学ぶ経営戦略』
第6巻　社会性『社会の中の企業』
第7巻　創造性『創造する経営学』

経営学史学会監修　『経営学史叢書』全14巻

第Ⅰ巻『テイラー』
第Ⅱ巻『ファヨール』
第Ⅲ巻『メイヨー＝レスリスバーガー』
第Ⅳ巻『フォレット』
第Ⅴ巻『バーリ＝ミーンズ』
第Ⅵ巻『バーナード』
第Ⅶ巻『サイモン』
第Ⅷ巻『ウッドワード』
第Ⅸ巻『アンソフ』
第Ⅹ巻『ドラッカー』
第Ⅺ巻『ニックリッシュ』
第Ⅻ巻『グーテンベルク』
第ⅩⅢ巻『日本の経営学説　Ⅰ』
第ⅩⅣ巻『日本の経営学説　Ⅱ』